D1920360

Der weibliche Ruf in die Rauhnächte

Ein magischer Begleiter für die heiligen Nächte voller Rituale, Reflexion und innerem Leuchten

Adriana Meisser

Copyright © 2025 Adriana Meisser

Alle Rechte vorbehalten.

Vervielfältigung, auch auszugsweise, nur mit schriftlicher
Genehmigung des Verlags

Lektorat und Korrektorat: Verlagshaus Stopfer
Umschlaggestaltung: Verlagshaus Stopfer
Satz und Layout: Verlagshaus Stopfer

ISBN Taschenbuch: 978-3-69092-066-7
ISBN Hardcover: 978-3-69092-067-4
ISBN eBook: 978-3-69092-068-1

Inhaltsverzeichnis

Einladung

Willkommen, du wunderbare Seele! Dieses Buch ist kein Ratgeber.

Es ist ein lebendiger Raum.

Ein Raum zwischen den Jahren, zwischen den Welten, zwischen dem, was du warst, und dem, was du werden kannst.

Sehr wahrscheinlich hältst du es nicht zufällig in den Händen.

Vielleicht hat dich etwas gerufen. Etwas in dir. Von einer Kraft, die älter ist als jede Geschichte.

Die Rauhnächte, diese dreizehn heiligen Nächte außerhalb der Zeit, sind eine Einladung, ganz bei dir selbst anzukommen. In deinem Körper, in deinem Atem, in deiner Seele.

In diesem Buch findest du nicht nur Rituale, sondern auch Erinnerungen.

Nicht nur Worte, sondern Tore.

Und nicht nur Gedanken, sondern Berührung.

Manche Seiten begleiten dich mit liebevollen Fragen, andere mit gechannelten Botschaften aus der geistigen Welt. Lilith und Saint Germain werden zu dir sprechen. Kraftvoll, klar, herausfordernd, tief. Und du wirst dich selbst darin erkennen.

Vielleicht geschieht sogar noch mehr:

Du kannst dich durch verschiedene Meditationen führen lassen und ein Klangportal betreten, das dich über einen QR-Code erwartet.

Ein weiterer Code öffnet dir den Zugang zu einem aufgezeichneten Workshop zur Vorbereitung auf diese Zeit. Beide sind Möglichkeiten, tiefer zu reisen. Und um dich daran zu erinnern: Du bist nicht allein.

Bevor du nun eintauchst, atme einmal tief durch.

Leg deine Hand auf dein Herz.

Und wisse: Die Rauhnächte beginnen nicht im Kalender.

Sie beginnen in dir.

Ich freue mich, dich auf dieser Reise zu begleiten.

Meditation

Workshop

Vorwort

Hey, schöne Seele, ich freue mich, dass du dich für die Rauhnächte interessierst.

Dieses Buch will dich nicht belehren, sondern dich erinnern.

Es soll dich inspirieren, diese heiligen zwölf, manchmal auch dreizehn Tage und Nächte bewusst zu erleben, in deiner eigenen Tiefe und mit deiner eigenen Wahrheit.

Du hältst kein Nachschlagewerk über die Geschichte der Rauhnächte in den Händen. Vielmehr lädt dich dieses Buch ein, eigene Rituale zu gestalten und dich mit den magischen Kräften dieser Schwellenzeit zu verbinden.

Gemeinsam mit der geistigen Welt möchte ich dir die Magie des bewussten Augenblicks näherbringen. Genau das brauchen wir jetzt: Bewusste, wache Menschen, selbstbewusste und freie Seelen wie dich.

Besonders freue ich mich, dass in diesen Seiten auch Lilith zu Wort kommt. Das erste Mal in schriftlicher Form, zumindest durch mich. Die Urweiblichkeit, die große Göttin, die pure, ungezähmte Kraft nimmt dich mit auf eine Reise in deine Kraft. Ihre Stimme ist klar, durchdrungen von Liebe, manchmal unbequem, doch immer wie die einer alten Freundin, die dich an das erinnert, was tief in dir ruht. An eine Macht, die nie verschwunden war, nur verborgen, und die nun wieder kraftvoll in Erscheinung tritt.

Es ist an der Zeit, dass wir Frauen unsere Schatten nicht länger fürchten. Es ist Zeit, dass wir sie ehren und unsere ursprüngliche Kraft zurück in unser Leben einladen. Lilith, jene absichtsvoll dämonisierte weibliche Urenergie, hat viel zu sagen, vielleicht mehr, als du bisher zu hören bereit warst.

Zu jeder Rauhnacht findest du in diesem Buch zwei Impulse. Einen irdischen, der dich mit deinen Zyklen und deinem Körper verbindet und ein gechanneltes Wort aus der geistigen Welt, von Saint Germain empfangen, das dich begleitet, dich an dein Schöpfertum erinnert und dich Schritt für Schritt tiefer zu dir selbst führt.

Die Rauhnächte sind eine wunderbare Gelegenheit, dich achtsam auf dich selbst einzulassen. Vergehen und Werden sind zu keiner Zeit so spürbar wie in diesen Tagen am Jahresende. Ja, es ist eine Zeit des Rückblicks und der Neuausrichtung. Doch sie ist mehr als nur Aufräumen, Loslassen und Neubeginn.

Wenn du dich dir selbst zuwendest, wirst du vielleicht einer wahren Göttin begegnen. Einer sanften und zugleich starken Frau. Einer wilden und ungezähmten Wahrheit in dir, einer Wahrheit du längst bist.

Diese zwölf bis dreizehn Nächte sind nicht einfach „nur" ein alter Brauch. Sie sind ein kosmisches Naturereignis, das sich jedes Jahr wiederholt. Es ist eine Zeit, in der Bilanz gezogen wird, im Außen wie im Innen.

Die Dunkelheit der nördlichen Hemisphäre, der Winter, trägt eine Einladung in sich: Zur Innenschau, zur Rückverbindung und zur Erinnerung.

Zur Wintersonnenwende, die meist auf den 21. Dezember fällt, erreicht das Licht seinen tiefsten Punkt. Es ist die längste und dunkelste Nacht des Jahres. Wenn wir das Prinzip „Wie innen, so außen" ernst nehmen, dann ist dieser Moment auch ein Spiegel unserer inneren Prozesse. Doch Dunkelheit bedeutet nichts Böses. Sie wird seit jeher dem Weiblichen zugeordnet und vielleicht ahnst du es schon: In ihr liegt deine Kraft. Die Natur macht es uns vor. Mitten in der dunkelsten Nacht kehrt das Licht zurück. Mama Gaia atmet tiefer und die Tore zur Anderswelt stehen offen. Jetzt kann Heilung geschehen, nicht, weil du etwas tust, sondern weil du bereit bist, zu lauschen, zu sein und dir selbst zu begegnen. Diese

Zeit wird von vielen die „Nächte außerhalb der Zeit" genannt. Das kommt nicht von ungefähr: Ein Sonnenjahr hat 365 Tage, ein Mondjahr hingegen nur 354. Genau diese Lücke von elf Tagen und zwölf Nächten ist das Portal, durch das wir jetzt gehen. Eine etwas genauere Erklärung liegt jedoch in der Verbindung der Rauhnächte mit den Neumonden.

Der erste Tag der Rauhnächte resoniert mit dem ersten Neumond des neuen Jahreszyklus. Dieser beginnt mit dem Sternzeichen Steinbock. Der erste Neumond, nach der Wintersonnenwende, wenn das Zeichen Steinbock begonnen hat, ist somit der Start in den neuen lunaren Monat, in den neuen Mondzyklus. Was dir in diesen zwölf bis dreizehn Tagen in Gedanken, Gefühlen und Träumen begegnet, wird sich dir im entsprechenden Monat erneut zur Überprüfung und Vertiefung zeigen. Du gehst also nicht nur durch eine heilige Zeit. Du webst zugleich das Muster deines kommenden Jahres.

Alles ist verbunden. Wie im Innen, so im Außen. Wie im Kleinen, so im Großen.

Die Rauhnächte laden dich ein, mit dir selbst und allem, was war und ist, in Frieden zu kommen. Es ist kein äußerer Zauber, der in diesen Nächten wirkt. Es ist deine bewusste Präsenz, deine Hingabe und deine Bereitschaft, dem Moment mit voller Aufmerksamkeit zu begegnen.

Denn genau darin liegt die Kraft. Du bist die Schöpferin deiner Welt. Wenn du achtsam und präsent bei dir bist, wird vieles ganz von selbst geschehen. Der Moment, den wir ganz bewusst erleben, ist ein Geschenk an uns und eine Ehrerbietung an das Leben selbst. An die Schöpfung, an das, was du bist.

Und du weißt es längst: Energie folgt der Aufmerksamkeit.

Also genieße es Schwester!

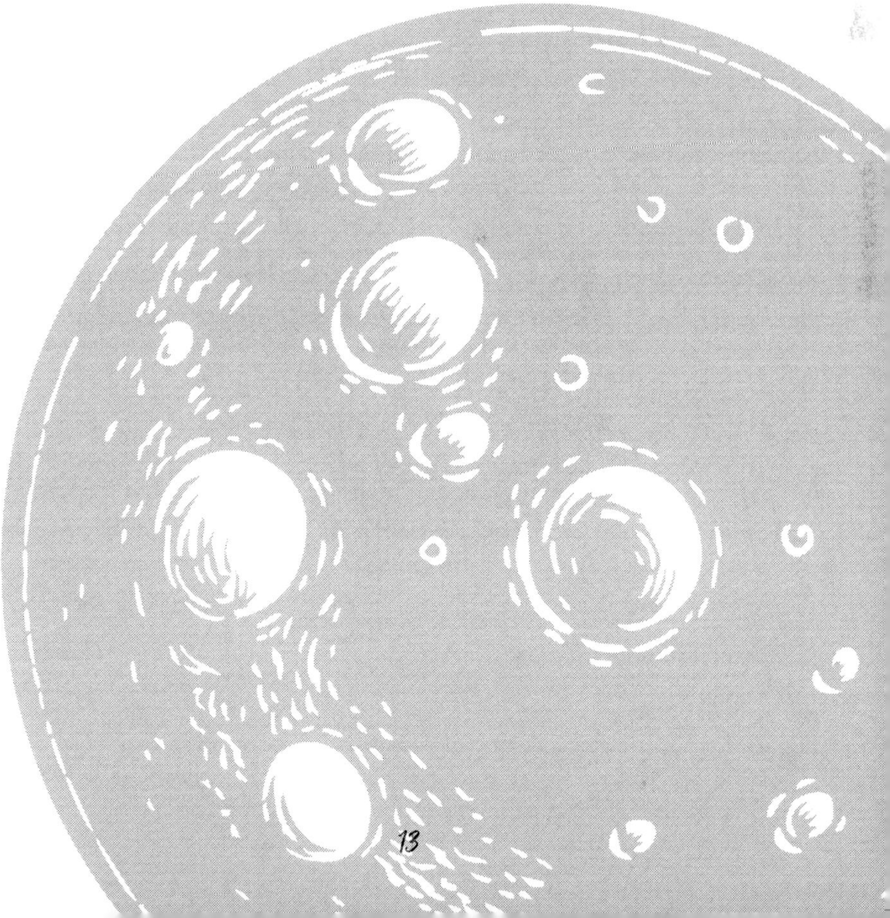

Vorbereitung auf die Zeit der Rauhnächte

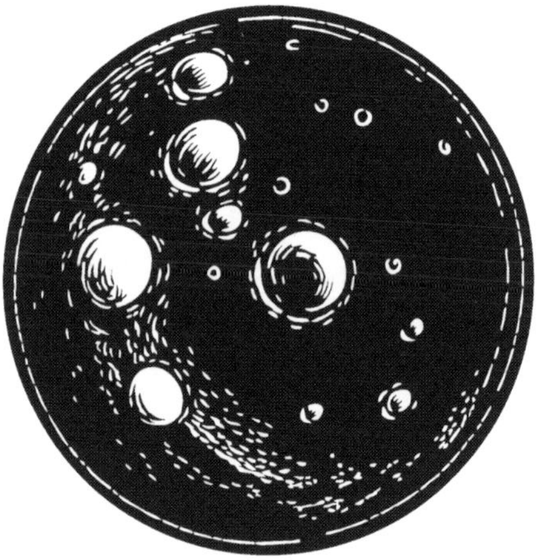

Ein Raum zwischen den Jahren

Die Rauhnächte beginnen, wenn das neue Licht geboren ist, drei Tage nach der Wintersonnenwende, dem tiefsten Punkt im Jahreskreis, der von vielen als Jul oder Mittwinter bezeichnet wird. Fällt diese Wende auf den 21. Dezember, so entfalten sich die Rauhnächte ab der Nacht vom 23. auf den 24. Dezember. Liegt sie auf dem 22. Dezember, beginnen die Rauhnächte am 25. Dezember. Diese drei Tage gelten als heilige Schwelle: Eine Zeit des Übergangs, in der sich das Licht langsam stabilisiert und die Schleier zur Anderswelt sich lichten. Die Natur hält inne, die Erde atmet tiefer, als wolle sie prüfen, ob wir bereit sind, dem Wandel wirklich zu begegnen. Erst wenn dieser Impuls spürbar wird, öffnen sich die Tore, und die Magie der dreizehn Nächte beginnt zu wirken.

Die Energie der Rauhnächte beginnt nicht an einem festgelegten Datum, sondern im Rhythmus des Kosmos. Ihre Wirkung entfalten sie dort, wo du bereit bist, dich in den Zwischenraum fallen zu lassen: Zwischen den Jahren, zwischen den Welten, zwischen dem, was war, und dem, was kommt.

Mal sind es zwölf, mal dreizehn Nächte. Je nachdem, wie viele Neumonde das neue Jahr mit sich bringt. Es sind die fehlenden Tage zwischen Mond- und Sonnenjahr, die sich hier zu einer eigenen Zeit verdichten. Eine Zeit, in der die Schleier dünn werden. In der sich Träume zeigen, Ahnen nahen und Zeichen sprechen. Hier lösen sich die festen Regeln der Zeit auf. Was sonst verborgen bleibt, wird greifbar. Es ist eine Zeit, in der nicht nur das Jahr, sondern auch du selbst neu geboren wirst.

Am Ende dieser Tage, in der letzten Rauhnacht, schließen sich die Tore zur Anderswelt wieder. Es heißt, die Wilde Jagd zieht sich zurück. Doch was du in dieser Zeit gesehen, gefühlt und erinnert hast, bleibt.

Der erste Tag der Rauhnächte ist ein besonderer Moment im Jahreskreis. Er lädt dich ein, dein Zuhause bewusst zu reinigen, neu zu ordnen und mit liebevollen Gesten zu schmücken. Nicht aus Pflicht, eher als heilige Handlung. Als Zeichen dafür, dass du bereit bist, in eine Zeit einzutauchen, in der die Schleier zur geistigen Welt durchlässig sind und dein Innerstes auf Empfang geht.

Eine sorgfältige Räucherung deiner Räume kann diesen Übergang unterstützen. Mehr dazu findest du im Kapitel über das Räuchern. Doch viel wichtiger ist: Spüre, was sich in dir bewegt. Lass deine Gefühle an die Oberfläche treten und halte sie fest, in Worten, in Bildern, am besten in einem Tagebuch. Denn was sich in diesen Tagen zeigt, ist oft tief verwurzelt und sehnt sich nach Wandlung.

Wenn wir in die Sprache der alten Mythen eintauchen, dann ist jetzt die Zeit, in der das Licht über die Dunkelheit gesiegt hat. Die Winterzeit wurde als die Nächte des Jahres beschrieben, so wie die Sommerzeit die Tage des Jahres sind. Daher ist der Name Rauhnächte nicht nur an die Nächte gebunden. Gemeint sind damit stets die ganzen 24 Stunden des Tages. Die Magie beginnt also nicht erst wenn es dunkel wird, sondern die ganzen 24 Stunden jeden Tages sind Magie pur. Die Wintersonnenwende hat ihren Zauber vollbracht. Die heilige Mutter hat das Licht, das göttliche Kind, geboren und drei Tage lang in ihrem Schoß gehalten. Dort konnte es wachsen und Kraft sammeln, um nun, am ersten Tag der Rauhnächte, in die Welt hinauszutreten. Sanft, leuchtend und still, aber voller Kraft.

Dieser Prozess findet nicht nur in der Natur, sondern auch in dir statt. Du bist Teil dieses großen Kreislaufs. So wie das Licht zurückkehrt, darf auch in dir etwas Neues erwachen. Etwas, das in der Dunkelheit gereift ist. Etwas, das jetzt bereit ist, gesehen zu werden.

Meine persönliche Empfehlung für ein kleines Ritual zur Wintersonnenwende, ist das Ritual der 13 Wünsche, auch wenn es oft nicht wirklich ernst genommen wird, ja sogar verpönt wird. Ich finde ganz zu Unrecht, denn sich bewusst auf die eigenen Wünsche und

Bedürfnisse einzulassen und mit Spaß und kindlicher Neugier an deren Verwirklichung heranzugehen, ist dem „humorvollen Universum" ganz bestimmt recht. Wer die Situationskomik des Lebens kennt, wird mir sicher zustimmen. Und glaub mir, die geistige Welt ist äußerst komisch und hat einen Humor, der mich persönlich regelmäßig zum lauthals Loslachen bringt. Ich glaube, wir nehmen das hier auf Erden um einiges zu wichtig, im Sinne von wahnsinnig seriös... Doch zurück zum Ritual: Notiere dir auf dreizehn kleinen Zetteln, was du dir wünschst. Es spielt dabei keine Rolle, ob deine Wünsche materieller Art sind, sich auf deine Gesundheit beziehen oder spiritueller Natur sind. Eine genauere Anleitung findest du im Kapitel „Das Ritual der dreizehn Wünsche."

Sich in die Stille zu begeben und bewusst Einkehr zu halten ist eines der kraftvollsten Rituale, zugegeben, nicht nur in der Zeit der Rauhnächte. Es ist eine Einladung, dein Wesen zu spüren. Dich zu erinnern und dich mit dir selbst zu verbinden. Das bewusste Atmen ist dabei ein machtvoller Schlüssel. Es kann dir dabei helfen, aus dem Strom der Gedanken auszusteigen und ganz im Jetzt zu sein. Richte deine Aufmerksamkeit auf deinen Atem. Folge ihm. Lausche, wie dein Körper lebt. Nimm wahr, wie pures Leben dich durchströmt. Erkenne, dass du selbst pures Leben bist. Dein Körper ist mehr als nur eine Hülle, er ist ein lebendiges Wesen mit einem eigenen Bewusstsein. Du musst ihn nicht ständig daran erinnern, zu atmen. Er weiß, was zu tun ist. Er trägt dich durch die Tage, durch die Nächte und durch alle Wandlungen.

Wenn du dich auf diese Weisheit einlässt, kann etwas Wunderbares geschehen. Du erinnerst dich, kehrst zurück und kommst zu dir.

Ich wünsche dir von Herzen viele kostbare, innige Momente mit dir selbst. Mögen dir die Rauhnächte als Raum der Reinigung und Neuausrichtung dienen. Als ein Tor zu deinem wahren Sein. Möge es eine freudvolle Reise werden, zurück in das wundervolle Bewusstsein, das du bist.

Ich freue mich, dass wir gemeinsam ein Stück dieses Weges gehen.

Empfehlungen für deine Wegbegleiter durch die Rauhnächte

Damit du dich auf diese besondere Zeit mit allem, was dich unterstützt, einstimmen kannst, hier einige liebevolle Empfehlungen:

- Ein leeres Buch, dein persönliches Tagebuch für die Rauhnächte. Darin kannst du deine Gedanken, Gefühle und Träume festhalten. Was dir in diesen Nächten begegnet, hat oft eine tiefere Bedeutung. Träume können Hinweise sein. Gedanken werden zu Samen für das neue Jahr. Notiere dir alles, was dir so des Tags über aufgefallen ist und natürlich auch deine Träume, sofern du dich daran erinnerst.

- Eine große Kerze, die dich über die ganze Rauhnachtszeit begleitet. Zünde sie zu Beginn deines täglichen Rituals an. Ihr Licht erinnert dich an das innere Feuer, das dich durch die Dunkelheit führt und du kannst sie für weitere Rituale wunderbar als Wächterin des Feuers nutzen.

- Dreizehn kleine Zettel für deine Wünsche. Schreib je einen Herzenswunsch auf jeden dieser Zettel. Was du damit tust, erfährst du im Kapitel „Das Ritual der dreizehn Wünsche."

- Kristalle oder persönliche Kraftgegenstände, Talismane. Lege sie während deiner Rituale in deine Nähe. Sie nehmen die Energie dieser Zeit auf und werden dir unter dem Jahr in Momenten der Wandlung als Anker dienen.

- Eine kleine Schale mit Wasser, gerne auch selbst gesegnetes Wasser. Es dient zur Reinigung, Segnung oder einfach zur Einstimmung. Mehr dazu findest du im Kapitel „Ritual zum Weihen von Gegenständen."

- Räucherwerk deiner Wahl. Ob Beifuß, Weihrauch, Salbei oder Harz, folge deinem Gespür. Die Pflanzengeister unterstützen dich dabei, Räume zu klären und deine Wahrnehmung zu öffnen. Räuchern ist ein Ritual, nicht einfach ein nettes Beduften des Raums. Sei dir dessen Bewusst und nutze diese Magie aufmerksam.

- Bastelmaterial, farbige Stifte und Fotos von dir und deinen Liebsten. Gestalte dein Buch oder einen kleinen Altar. Lass deiner Kreativität freien Lauf, sie ist die Sprache deiner Seele.

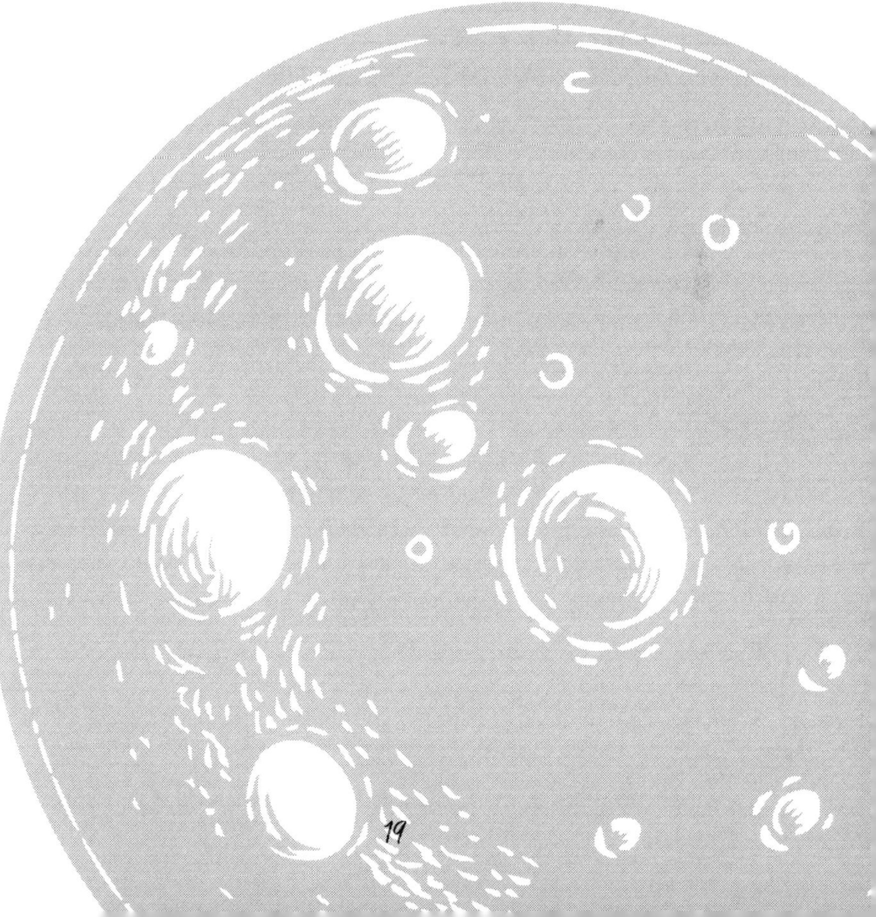

Lilith ruft

Bevor du die erste Nacht betrittst, wirst du einer Stimme begegnen, die nicht flüstert, sondern aufwühlt. Sie ist roh, klar, liebevoll und unerbittlich. Lilith. Die Urkraft der Weiblichkeit. Die große Göttin. Die, die sich nicht duckt. Sie bittet nicht und sie ruft nicht nur dich, sondern auch das, was sich längst in dir erheben will.

Diese Worte sind kein Trost, sondern Feuer. Kein sanftes Wiegen, sondern ein Erwachen. Wenn du bereit bist, deiner Wahrheit zu begegnen, nicht nur der hellen netten und blumigen, sondern auch der ungezähmten, unbequemen und aufrichtig tiefen Kraft in dir, dann lies weiter.

Doch lies nicht einfach nur die Worte mit deinen Augen. Lies mit deiner vollen Präsenz, mit deiner Stimme und mit deiner Erinnerung, um zu erleben und zu verstehen. Lilith spricht, um dich daran zu erinnern, wer du bist, nicht, um dir einfach etwas nettes zu sagen.

Die Rückkehr der ungezähmten Kraft

Ich grüße dich, geliebte Schwester, Freundin, Tochter, Mutter, du wundervolles Licht.

Ich bin Lilith.

Ich bin gekommen, um diesen heiligen Moment mit dir zu zelebrieren. Um dich einzuweihen in eine heilige Zeit, die Zeit der Erinnerung. Die Erinnerung an deine Größe, an deine Kraft. An das, was du bist, wenn du frei bist. Ich bin hier, um dich zu unterstützen und auch, um dich zu ermahnen.

Denn der Weg, der vor dir liegt, ist jener der Kriegerin, der Priesterin und oft auch der Hexe. Doch vor allem ist es der Weg der Frau.

Ich komme zu dir in dieser besonderen Zeit, in der Zeit der Dunkelheit, in der nördlichen Hemisphäre. Ich komme, um dich an deinen Schoß zu erinnern. Denn dort, im Schoß der Mutter, ruht das Licht. Und diese Mutter, die große heilige Göttin, das bin ich.

Und ich bin du.

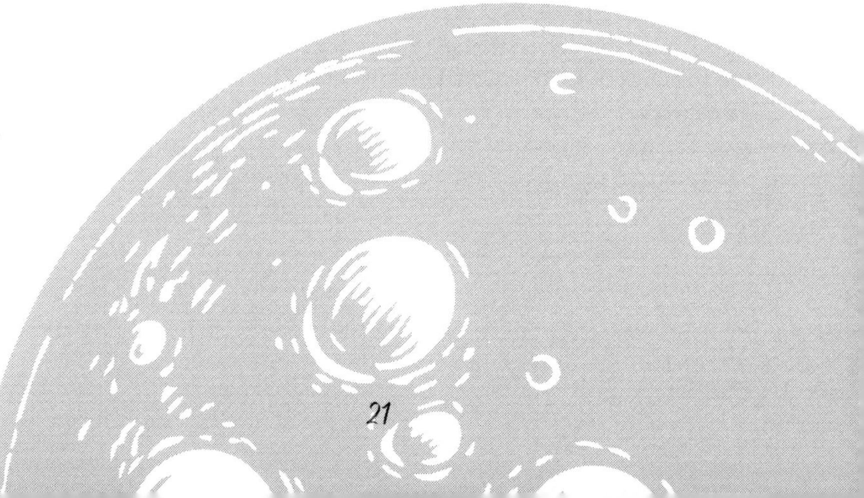

Der Ruf der Kriegerin, Priesterin und Hexe

Du bist mein, so wie ich dein bin!

Wenn dich diese Worte triggern, dann deshalb, weil sie etwas in dir wecken. Etwas, das frei sein will. Etwas, das niemandem gehört. Das sich nicht unterdrücken lässt. Wild. Frei. Unbändig. Genau das bin ich.

Symbolisch trage ich den Namen Lilith, als die große Göttin, als das ur-weibliche Prinzip, das sich niemals beugen lässt, und ich beanspruche dich, nicht im Sinne des Besitzes, sondern im Sinne der Erinnerung. Ich will dich daran erinnern, wer du wirklich bist. Denn ich bin du. Und du bist ich. Doch um deinem Ego einen kleinen Schubs zu geben, um es daran zu erinnern, dass es nicht die erste Geige spielt, spreche ich mit Nachdruck. Mit Klarheit. Mit Besitzanspruch, der dich aufrüttelt.

Verstehst du, geliebte Schwester?

Die Zeit der dreizehn heiligen Nächte und Tage, die Nächte des Jahres sind unsere Zeit, Schwester. Es ist die Zeit unserer größten Stärke, denn in der Dunkelheit, in der Düsternis, im Verborgenen liegt unsere Kraft. Natürlich sind wir auch diejenigen, die erblühen. Die das Schöne in die Welt gebären. Und genau das tun wir jetzt!

Wir hüten, bewahren, nähren und stärken die Schönheit dieser neuen Zeit.

Die Schönheit dieser Erde ruht im Schoß der Mutter. In dir. In deinem tiefsten Innersten wächst jetzt das Licht der Neuzeit. An diese große Aufgabe will ich dich erinnern. Und vor allem daran, wie bedeutsam und wichtig es ist, dass du manchmal wie eine Kriegerin für dich einstehst. Dass dein Wort scharf und klar ist. Deine Kommunikation ungebrochen, ungebeugt und authentisch. Ehrlich. Aus deiner Tiefe.

Und ja, dazu darf auch das Kraftpotenzial deiner Emotionen genutzt werden.

Hab keine Angst vor deiner Wut.

Hab keine Angst vor dem göttlichen Zorn in dir.

Hab keine Angst vor deiner eigenen Macht.

Ich werde dich begleiten. Hinein in deine Tiefe. Durch deine Ängste hindurch, durch den Sumpf der uralten, verleugneten, betrogenen, unterdrückten, doch niemals vernichteten Kraft der Frau.

Manchmal wird es nötig sein, dass du aufrecht als Priesterin deinen Weg der Heilerin gehst. Vielleicht erst einmal für dich selbst, denn so wirst du dir endlich wieder zur wahren Freundin und nur so wirst du auch zur wahren Freundin für deine Erdenschwestern. So wirst du zur Mutter für die Kinder dieser Welt.

Manchmal wird es deine Aufgabe sein, liebevolle, aufbauende Worte zu sprechen. Das Licht zu halten, für andere und für dich. Und ich werde mit dir die Fackel halten. Ich werde mit dir über dem Feuer wachen. Dem ewigen Feuer, dem lodernden, unvergänglichen, nährenden, kraft- und lichtspendenden Feuer in deinem Schoß.

Zurück zu deiner Natur

Und manchmal, Schwester, wird es nötig sein, dass du als Hexe durch die Lande ziehst. Vor allem dann, wenn es um deine eigene Heilung geht. Und mit „Hexe" meine ich die Kundige, die Weise. Die, die das alte Wissen trägt. Vielleicht auch die Kräuterkundige.

Es wird nötig sein, in der neuen Zeit, dass du zurückkehrst zur Natur, wie ihr heute so schön sagt. Doch ich möchte das etwas korrigieren. Denn es geht nicht darum, zur Natur draußen zurückzukehren. Es geht darum, zu deiner eigenen Natur zurückzufinden.

Denn verkörpert als Frau gehörst du zu dieser Erde. Ihre Rhythmen, ihre Zyklen, sie sind auch die deinen. Solange du dich dagegen wehrst, solange du dich abfindest mit Dingen, Situationen, Lebensumständen oder Menschen, die dir nicht bekömmlich sind, wirst du leiden. Schwester, dein Körper wird leiden. Die Tragödie daran ist: Du bist das Leiden so sehr gewohnt, dass dir oft gar nicht bewusst ist, wie sehr du unter Druck stehst. Weißt du, dass 98 Prozent aller Frauen in Europa unter einem hormonellen Ungleichgewicht leiden? Das ist bedenklich, nicht wahr? Und dennoch ist es zur Gesellschaftskrankheit geworden und gilt als völlig normal.

Es gibt künstliche Mittelchen für jedes kleinste Leiden. Für Kopfschmerzen und Stimmungsschwankungen. Für Menstruationsbeschwerden, Gewichtszunahme oder Abnahme, für Muskelschmerzen, für Unwohlsein im Körper und so weiter. Für jedes Problemchen findet sich eine Lösung im Außen. Ein Pülverchen, ein Mittelchen.

Für all diese Beschwerden existieren jedoch heilsame Kräfte, verborgen in den Pflanzen, im Flüstern der Erde, in den uralten Überlieferungen der weisen Frauen. Doch um zu erkennen, um zu hören und zu verstehen, braucht es zuerst deine ehrliche, liebevolle Hinwendung zu dir selbst. Erst wenn du dir selbst lauschst, offenbart sich dir, was dich wie und wann heilt. Die Rauhnächte sind das Tor dafür.

So kannst du die Rauhnächte nutzen, um dich vom Außen abzuwenden. Ich meine damit: Wende dich deinem Innersten zu. Beginne, dir zu begegnen, deine Wunden zu erkennen und somit genau diese in ihrer Essenz heiligen Bereiche in dir zu heilen.

Die heilige Kunst des Hexenwerks

Willkommen, geliebte Hexe. Lass dies dein Hexenwerk sein. Die Kunst der Verwandlung von außen nach innen.

Es ist die Stille. Es ist die Ruhe. Und es ist die Kälte.

Die Kälte der eigenen Ablehnung wiegt schwer. Die Dunkelheit von absterbenden Kräften in deinem Körper ist tief und finster.

Doch all das ist willkommen. Mehr noch, es gehört ins Zentrum, gerade in dieser heiligen Zeit der Rauhnächte. Deine Ahninnen wussten um den machtvollen Beitrag, den sie sich selbst und damit der Welt in diesen Tagen schenken konnten.

Lange, lange bevor die Geschichte der Rauhnächte begann, haben Hexen und Priesterinnen diese Schwellenzeit geehrt und gehütet. Nicht nur rund um die Wintersonnenwende. Auch der Frühling, der eigentliche Beginn des Jahres, war eng mit ihr verbunden.

Finde deine eigene Stimme

Ich bitte dich, Schwester: Löse dich von äußeren Vorstellungen. Von der Frage, wann genau die Rauhnächte beginnen, was an welchem Tag zelebriert werden muss, damit es auch ja korrekt und richtig gemacht sei. Löse dich von der Suche nach der einen wahren Stimme, in all den Stimmen da draußen.

Wende dich ganz dir selbst zu.

In diesem Buch wirst du begleitet von einer deiner Seelenschwestern, Adriana, von Saint Germain, dem Führer des neuen Zeitalters und von mir, der Urmutter, dem urweiblichen Prinzip – Lilith.

Ich bin jene Kraft, die man aus Angst dämonisiert, weil ich mich nicht beuge. Man setzt mir Hörner auf, kleidet mich in Schlangenhaut, entreißt mir das Kind, erklärt meinen Zorn zum Verbrechen. Man macht mich zum Schatten, weil meine Freiheit nicht kontrollierbar ist. Weil meine Lust nicht zähmbar ist. Weil ich mich nicht unterordne.

Aber ich bin nicht böse. Ich bin echt. Wild. Frei.

Der Schatten in dir ist heilig

Und ja, ich kenne und liebe auch deine Dämonen. Denn sie sind nicht das, wofür du sie hältst. Sie sind Ausdruck deiner verdrängten Wahrheit, deiner ungelebten Sehnsucht, deiner ungehörten Macht. Nicht ich bin ihre Schöpferin. Das Liebste, das bist du.

Du hast sie geboren aus Schmerz, aus Anpassung, aus deinem Überleben. Und genau deshalb darfst du auch die Verantwortung für sie übernehmen. Nicht, um dich zu beschuldigen, sondern um dich zu erinnern: Du kannst sie führen. Wandeln. Heimholen.

Je mehr du dich dir und diesem heilsamen Wandel zuwendest, desto mehr wird auch die Welt, deine Mitwelt, bereit sein, die Verantwortung für ihre eigenen Schatten zu tragen.

Dämonen sind keine eigenständigen bösen Mächte. Sie sind Bilder für das, was in der Gesellschaft verdrängt wurde. Für das Verurteilte, das Verzerrte, das Zerstörerische, das Knechtende. Aber sie gehören dazu. Sie sind ein Teil des Ganzen.

Und du, du als Frau, über Generationen zum Schweigen gebracht, du trägst die Macht in dir, diesen Dämonen zu begegnen. Gerade jetzt, um die Zeit der Wintersonnenwende, in diesen heiligen dreizehn Nächten, in denen die Schleier dünn sind und die Tore weit offen, bist du auf besondere Art in deiner Kraft.

Lass die Wilde Jagd beginnen. Und du, Schöpferin, Urmutter deiner eigenen Schatten, du wirst sie führen! Du wirst sie erkennen, halten, wandeln. Du brauchst keine Angst vor deiner Dunkelheit zu haben. Sie gehört zu dir.

Und sie macht dich schön, Liebste!

Die Kraft der Dunkelheit

Du weißt, dass die Naturvölker viele Fratzen verehrt haben. Dass sie Götter und Göttinnen in dunklen, wilden Formen dargestellt und dass sie das Dunkle nicht nur akzeptiert, sondern geehrt haben.

Ohne Angst. Ohne Urteil.

Heute, in dieser Zeit, seid ihr so sehr von Furcht getrieben, dass alles Hässliche verbannt werden soll. Aus eurem Leben. Weggeschoben. Unsichtbar gemacht. Kein Wunder also, dass ihr weder den Tod als Freund erkennt noch euren Dämonen mit Liebe begegnet.

Wie also, frage ich dich, willst du dich jemals vollständig annehmen?

Jetzt ist die Zeit der Heilung gekommen. Die Zeit, in die du ganz eintauchen darfst, in deine urheilige Kraft. Lerne den Pfad der Demut, lerne, dem Ursprung zu folgen. Das heißt: Dich tief mit dir selbst und deiner Intuition zu verbinden. Denn je mehr du im Außen suchst, Geliebte, umso mehr entfernst du dich von dir selbst. Und umso nachdrücklicher werde ich dich aufspüren.

Mein Ruf ist laut.

Er ist jener Teil in dir, der manchmal schmerzt. Der dich müde macht, damit du still wirst und dich erinnerst. Hüte dich vor deinem Ego-Geist und öffne dich deinem Herzen. Sieh in diese dreizehn Nächte mit deinem Herzen. Sieh mit Liebe in sie hinein. Sei offen für das, was sie dir zeigen. Achte auf die kleinen Zeichen, auf das Unspektakuläre, auf das leise Leuchten. Wende dich der Natur zu. Das heißt: Wende dich deiner eigenen Natur zu. Nimm die Rhythmen der Erde wieder in deinen Alltag auf. Denn wenn nicht du damit beginnst, wer dann? Wer sonst ist in der Lage, dein Leben zu verändern?

Ja, ich weiß, auch das Leben selbst kann dich zum Wandel zwingen. Aber du und ich wissen beide: Wenn der Wandel von außen kommt, ist er meist schmerzhafter als jener, den du aus dir selbst wählst. Denn wenn das Leben dich zwingt, deinen Rhythmus zu ändern, bringt es oft Angst, Schmerz und Verlust mit sich.

Doch genau in solchen Momenten, Geliebte, bin ich für dich da.

Denn ich bin du, in deiner ursprünglichsten, weiblichsten Kraft.

Damit das Außen, auch das männliche, wieder in Harmonie mit dir sein kann, bist du aufgerufen, diese Harmonie zuerst in dir selbst zu leben. Denn nur wenn das Weibliche sich selbst erkennt, ehrt und nährt, kann das Männliche sich dem anschließen.

Das Weibliche ist empfangend, durchlässig, zyklisch. Es ruht im Vertrauen, ohne zu kontrollieren. Es weiß um die Kraft der Nacht, um das Reifen in der Dunkelheit, um die Sprache der Intuition. Es muss nicht beweisen, es ist.

Das Männliche ist richtungsweisend, strukturierend, klärend. Es möchte erschaffen, gestalten, durchdringen und das ist gut so. Doch ohne das Weibliche verliert es sein Herz, wird hart, wird leer.

Es ist an der Zeit, Schwester, dass du das Weibliche in dir so sehr ehrst, dass das Männliche sich entspannen kann. Dass es sich nicht mehr beweisen muss. Dass es sich erinnern darf, dass seine Stärke im Dienst steht. Dem Leben, der Liebe, der Wahrheit.

Du trägst den Schlüssel in dir.

Wenn du Frieden mit deinem eigenen Rhythmus machst, beginnt sich die Welt um dich herum zu ordnen. Nicht, weil du sie ordnest, sondern weil du in dir selbst einen Ort der Ordnung und der Liebe geschaffen hast. Achte also darauf, die kommenden Tage in einem gesunden Gleichgewicht zu verbringen. Zwischen Aktivität und Ruhe. Pflege beides gleichermaßen. Und bitte, komm mir jetzt nicht mit der alten Ausrede der Festtage. Dass es viel zu tun gäbe. Dass du gebraucht wirst. Erzähl mir nichts, Schwester. Wie lange ist es denn wirklich her, dass du tatsächlich, unbedingt, unverzichtbar gebraucht wurdest?

Ja, es gibt Ausnahmen. Wenn du ein Neugeborenes im Arm hältst, dann ja. Und das ist eine unbeschreiblich heilige Zeit, während du dein Kind nährst und dich der Mutter in dir hingibst. Doch abgesehen davon gibt es nur wenige Momente, in denen du tatsächlich unverzichtbar bist. Vieles, was du tust, entspringt deiner eigenen Prägung, ist also sozusagen auf deinem Mist gewachsen. Und ja, du hast es auch von deinen Ahninnen übernommen.

Siehst du, wie sehr die Rolle der dienenden Frau noch in der Welt verankert ist? Doch die heutige Zeit ruft nach etwas anderem: Nach dem Miteinander. Danach, dass ihr zusammenkommt. Dass ihr gemeinsam handelt und nicht länger alles allein tragt.

Es geht nicht darum, dass du das Festessen allein zubereitest. Es geht darum, dass alle mitwirken, die es können. Wenn du allein bist, liegt es an dir, Geliebte. Doch gerade dann: Zelebriere dich. Zelebriere die Einsamkeit. Lade vielleicht sogar Schmerz, Trauer oder Frust mit an den Tisch. Decke für sie. Warum nicht? Die Priesterin und die Hexe in dir wissen, wie man mit solchen Energien spricht. Sie erkennen ihren Wert. Wenn du ihnen deine Aufmerksamkeit und Zuneigung schenkst, verwandeln sie sich von Last zu Kraft. Und sie gehen mit dir den Weg.

Es gibt keinen Grund, die Nächte des Jahres mit übermäßiger Aktivität zu füllen. Schau genau hin, wo deine Ausreden greifen. Und wenn du sie erkennst, umarme dich. Liebe dich. Und lache mit dir. Ich lache laut in dir. Schallend laut! Vielleicht so laut, dass es wie dämonisches Lachen klingt. Und genau dann, Schwester, bist du am richtigen Ort. In der Mitte deiner Heilung. Eingebunden in die Kraft der Göttin, jener, die gebärt, nährt und dich durch Übergänge führt.

Transformation beginnt in dir

Denn Mutter Gaia ruft zurück, was sie gegeben hat. Sie hat dir Form geschenkt, deinen Körper. Und es kommt der Moment, da wird sie diese Energie zu sich zurückholen. Für die Form bedeutet das: Sterben. Oder, nenn es Transformation.

Dasselbe tust du mit alten Anteilen in dir. Mit überholten Vorstellungen, mit dem Irrglauben über dich selbst. Mit jenem wirren Verhalten, das dich dazu bringt, dich selbst zu überfordern.

Prüfe deine Gedanken geliebte Schwester! Wenn du etwas in dir entlarvst, feiere es. Lache. Und gehe nicht ins Drama. Drama ist nicht notwendig, außer du erschaffst es selbst. Und darin bist du gut. Doch genau darin liegt auch deine Heilung, deine Kraft.

Erkenne deine Wahrheit und verankere dein Licht

Ich liebe dich dafür.

Heute.

Hier.

Jetzt.

Ich verurteile dich nicht. Im Gegenteil: Ich zeige dir, wie wundervoll du bist. Doch ich werde dir nichts schönreden, was dir nicht guttut.

Drama bringt dein System aus dem Gleichgewicht. Es stört den Fluss deiner Hormone, es erschüttert deinen Körper. Es führt dich in Schmerz, Angst, Abhängigkeit und zurück in alte Muster der Unterdrückung.

Wenn du fühlst, dass Raum für Veränderung da ist, dann geh nach innen. Bitte nicht mich im Außen – sondern mich in dir. Denn dort bin ich. Dort war ich immer. Und damit meine ich: Kehre zu dir zurück. Vertraue dir selbst. Und achte auf die ersten Impulse, die aus deiner Tiefe aufsteigen. Sie sind sanft. Sie sind liebevoll. Sie sind nie abwertend, fordernd, kontrollierend oder laut.

Alles andere, das Müssen, das Drängen, das Anklagen, stammt aus dem Verstand. Aus jenem Ego-Geist, der dich kleinhalten will. Denn nur wer Angst hat, lässt sich kontrollieren. Und du wirst kontrolliert, solange du Angst hast. Angst vor dir selbst. Angst vor mir. Ich jedoch kann dieser Angst ins Gesicht lachen. Ich kann sie umarmen. Denn ich weiß, wer ich bin. Und du weißt es auch. Also komm, lass uns tanzen.

Wenn du erkannt hast, wo du Kapazität hast, und deinen inneren Impulsen auch nur einen Moment erlaubt hast, sich dir zu offenbaren, dann reicht das. Für jetzt. Für diesen Moment. Denn es geht nicht länger ums Leisten. Nicht um Selbstoptimierung. Nicht um das ständige Streben nach besser, anders, weiter, konkreter. Das alles gehört zum männlichen Prinzip. Und das ist ein Segen. Doch wir wollen endlich damit in Harmonie kommen. Nicht in Unterwerfung. Nicht in Unterordnung. Dein Optimierungszwang, Schwester, ist nicht deine Kraft. Er ist der Fluch. Die Maske deiner Ängste. Das Echo deines Frustes.

Wenn du also erkannt hast und dir zugehört hast, dann setze einen Punkt. Und dann trink eine Tasse Tee. Schau in die Natur. Höre dem Vogel zu. Dem Schnee, wie er fällt. Dem Wind, wie er bewegt und rauscht. Dem Regen. Oder deinem tiefen, inneren, befreiten Lachen.

Und nach dieser Pause steh auf. Richte deine Krone. Richte dich innerlich auf. Stell dir vor, wie sich deine sieben Chakren und alle darüber hinaus, wie eine glänzende Perlenkette ausrichten. Klar. Zentriert. Still.

Und dann geh ans Werk. Was bedeutet: Lass es wirken. Lass dich durch dich selbst wirken. Sprich über deine Erkenntnisse. Lache mit anderen darüber. Freu dich daran. Und sieh zu, wie Magie beginnt, dein Leben zu verwandeln. Wie andere dich erkennen, unterstützen, wertschätzen. Wie sie zu Mitwirkenden werden.

Die Rauhnächte sind unsere gemeinsame Zeit

Nutze die 13 Schritte. Die 13 Monde. Die 13 Neuanfänge, die kommen werden, in jedem Jahr, in jedem Leben, in jeder Zelle deines Seins.

Nutze deine Rhythmen. Deine Zyklen.

Ich bin Lilith.

Und die Rauhnächte sind unsere gemeinsame Zeit. Die Zeit, in der du und ich durch das Tal der Finsternis gehen. Und wir leuchten. Als gäbe es kein Morgen. Ich bin in dir zu Hause, wie du in mir.

In deinem Schoß wird das Licht neu geboren.

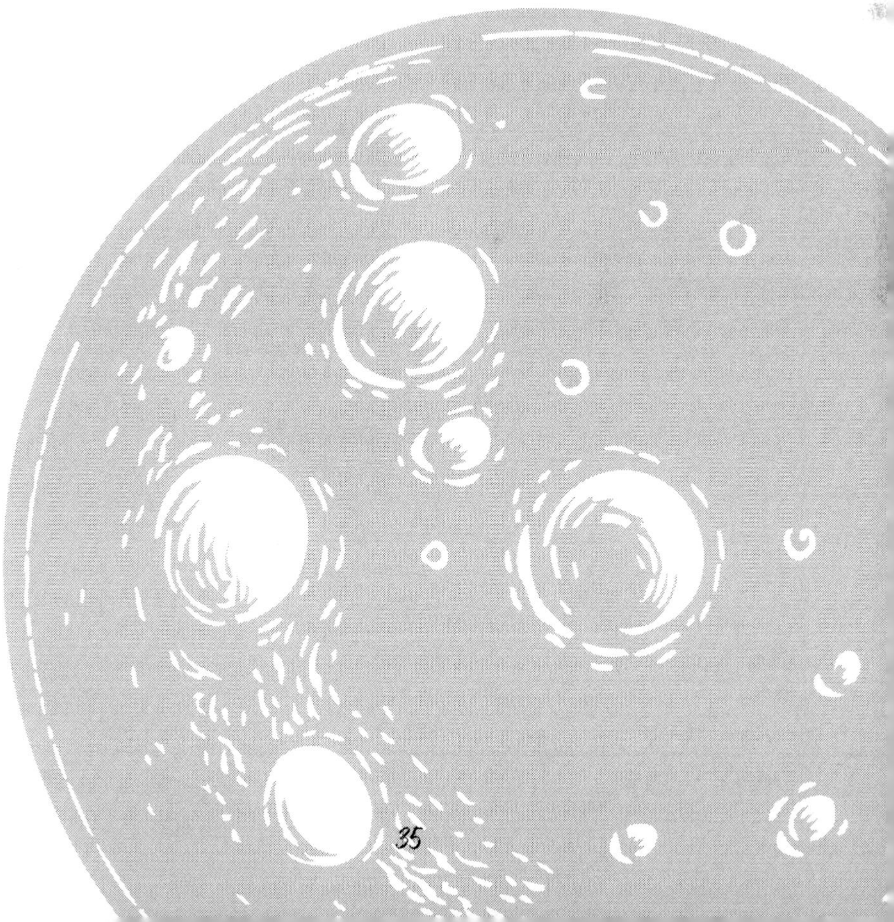

Saint Germain begleitet dich

Nach der Stimme der Urkraft tritt nun eine andere Präsenz in dein Feld, still, weit, durchdrungen von uralter Weisheit. Saint Germain, Hüter des violetten Feuers, Begleiter des geistigen Wandels, ruft dich in deine Schöpferkraft zurück. Er führt nicht durch Lautstärke, sondern durch Resonanz. Nicht durch Macht, sondern durch Erinnerung. Seine Worte wirst du nicht vorwiegend mit deinem Verstand verstehen müssen, du wirst sie fühlen. Wie goldene Schlüssel öffnen sie in dir Tore: Zu Klarheit, zu innerem Erwachen, zu deinem Platz im großen Gefüge dieser Zeit. Wenn du bereit bist, dich selbst als Schöpferin zu erkennen, werden seine Worte ein stilles Ja in dir auslösen.

Erinnere dich. Die Zeit ist jetzt.

Die Einleitung von Saint Germain: Tore in dein Schöpfertum

Ich grüße dich, du wunderbare Seele. Ich bin Saint Germain und es erfüllt mich mit Freude, diesen Augenblick mit dir zu teilen. Es ist eine Ehre, gemeinsam mit dir einzutauchen in eine Zeit, in der du durch bewusstes Sein so viel Gutes für dich bewirken kannst, indem du erkennst, wer du wirklich bist.

Die Nächte des Jahres, wie früher der Winter beschrieben wurde, sind eine wunderbare Möglichkeit des Rückzugs, der Ruhe und der Neuausrichtung. Besonders in der kommenden heiligen Zeit, in welcher die Schleier zur anderen Seite gelichtet sind, ist dir die geistige Welt sehr nahe.

Wir sind hier, um dich zu unterstützen, dabei, in dich hineinzulauschen, um zu erkennen, welche Samen bereits in dir ruhen. Es geht darum, sie zu prüfen, zu klären, was wirklich wachsen darf, und das sichtbar zu machen, was deine kommenden Wege nähren wird.

Dich mit deinem Bewusstsein zu befassen bedeutet, dir darüber klar zu werden, wie tiefgreifend deine Einflussnahme auf das Universum ist, nicht nur das große Universum im Außen, sondern auch dein eigenes inneres.

Lass mich dich fragen: Wie groß und mächtig erlaubst du dir zu sein? Diese, und viele weitere Fragen wirst du in den nächsten zwölf bis dreizehn Tagen und Nächten erforschen, und wir, dein geistiges Team werden dich darin unterstützen.

Nimm dir daher bitte täglich Zeit für dich. Lerne einfach da zu sein und somit wahrhaftig zu schöpfen. Schöpfen bedeutet Bewusstsein. Bewusstes Sein im Moment. Denn nur und ausschließlich aus dem jetzigen Moment kannst du schöpfen. Du kannst aus ihm Kraft schöpfen. Du kannst aus ihm Möglichkeiten schöpfen.

Ich bitte dich daher, diesen jetzigen Moment als etwas ganz Besonderes anzuerkennen und ihn bewusst zu ehren und, wenn möglich sogar zu lieben. Unabhängig davon, ob deine Umstände dir gefallen oder nicht. Aus ihm, diesem jetzigen Moment, schöpft sich deine Zukunft. So mach dir klar, dass das Fundament, auf welchem deine Zukunft baut, dein emotionaler und empfundener Zustand ist.

Ist der jetzige Moment freudvoll, werden freudvolle Momente entstehen. Ist das nicht der Fall, nun, damit hast du wahrlich genug Erfahrung.

Die Zeit der Rauhnächte aus Sicht der geistigen Welt

Es gibt viele Sagen, Rituale und Geschichten, die sich um die Weihnachtszeit und die Zeit der Rauhnächte ranken. Doch erliege nicht dem Glauben, diese Zeit wäre machtvoller als du. Du bist es, in deiner höchsten Frequenz, formlos und unbegrenzt in deinem Bewusstsein, das da schöpft, justiert und neu ausrichtet. Sofern du diese Möglichkeiten denn nutzt und nicht einfach auf das Schicksal wartest.

Die Schicksalsfäden werden neu gesponnen, sagt man. Wunderbar, nicht wahr? Also erhebe dich, geliebte Seele, und beginne mit deinem Bewusstsein und mit uns zusammen Neues zu weben. Lass uns gemeinsam ein Kleid für deine Seele schöpfen, welches dir wahrlich gefällt. Und aus diesem wunderbaren Kleid werden Umstände, Lebenssituationen und Geschehnisse geformt, die dir entsprechen.

Doch dafür ist, wie schon gesagt, absolutes bewusst und zentriert sein notwendig.

Einladung zur Zentrierung

So wie du deinen Körper regelmäßig reinigst, nährst und versorgst, so lade ich dich in diesen besonderen Tagen dazu ein, auch deinen Geist bewusst zu reinigen. Deine Gedanken zu klären. Deine Aufmerksamkeit zurückzuholen aus all den Feldern, in denen du dich vielleicht verloren hast. Denn in dieser heiligen Zeit, den Tagen zwischen den Jahren, öffnet sich ein Raum, in dem du dich neu ausrichten kannst. Nicht für andere, sondern für dich.

Ich lade dich ein, innezuhalten und zu lauschen. Zu spüren, was in dir wirklich zählt. Was wahr ist und was dich ruft. Denn vieles, dass du für wichtig gehalten hast, könnte sich als leer herausstellen. Und manches, dass du vergessen oder übergangen hast, könnte jetzt sanft, aber deutlich an die Tür deines Bewusstseins klopfen. Denn diese Rückkehr zu dir ist eine Entschleunigung und braucht Bereitschaft.

Genau dafür führen wir dich Schritt für Schritt, durch Worte, durch Impulse, durch geöffnete Räume. Denn es gibt eine Ordnung in diesen Tagen. Eine uralte Struktur. Nicht starr, sondern lebendig. Nicht als Regel, sondern als Wegweiser. Durch diese Ordnung begleiten wir dich, als Erinnerung an das, was du längst weißt.

Ich freue mich, wenn du diesen Weg mit uns gehst. Wenn du dich führen lässt, von deiner Seele, von deiner inneren Weisheit, und von uns, die wir an deiner Seite stehen.

Die Reise durch die Rauhnächte beginnt.

Die Reise durch die Nächte des Friedens, der Klärung und der Weihe.

Eine Reise zurück zu dir selbst.

Ich bin Saint Germain und ich danke dir für deinen Mut, dich selbst wahrhaftig zu berühren.

Die Themen der einzelnen Rauhnächte

1. Rauhnacht: Unsere Basis oder auch Standfestigkeit und Herkunft.
2. Rauhnacht: Höhere Führung, innere Quelle und die Geistige Welt.
3. Rauhnacht: Herzöffnung. Tag der Wunder und der Herzenergie.
4. Rauhnacht: Altes loslassen und bereinigen.
5. Rauhnacht: Verbundenheit und Freundschaft. Heilung und Vergebung.
6. Rauhnacht: Reflektieren und den Übergang vorbereiten. Familien- und Ahnenbereinigung.
7. Rauhnacht: Übergang. Das Neue löst das Alte ab.
8. Rauhnacht: Heiße das Neue willkommen.
9. Rauhnacht: Zentrierung und Besinnung auf die innere „goldene Mitte."
10. Rauhnacht: Bewegung, Fortschritt und Entwicklung.
11. Rauhnacht: Abschied nehmen. Den Tod als vorübergehend erkennen.
12. Rauhnacht: Bereinigen, Nacht der Wunder.
13. Rauhnacht: Abschluss der Rauhnächte, den Segen empfangen. Vierte Rauhnacht – Reinigung durch Bewusstsein

1.

RAUHNACHT

Deine Wurzeln und dein Ja zum leben

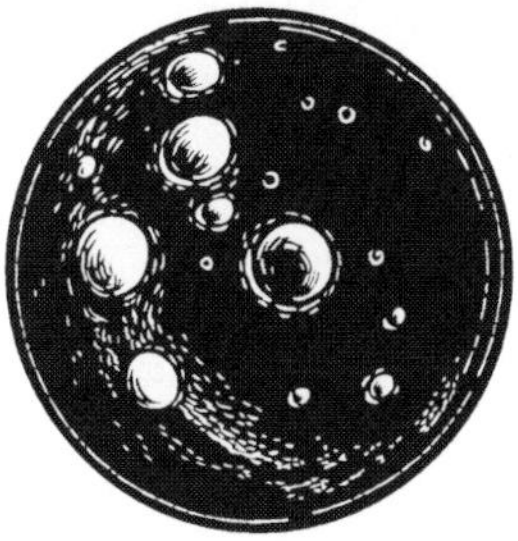

Der erste Neumond

Dieser Rauhnachttag lädt dich ein, tief mit deinem Ursprung in Verbindung zu gehen. Mit deiner Herkunft, mit deiner Basis. Er steht in Resonanz mit dem ersten Neumond und erinnert dich daran, wie wichtig dein inneres Fundament ist. Heute darfst du dich bewusst den Wurzeln deiner Familie, also deiner irdischen Herkunft, wie auch deinem Wurzelchakra widmen.

Spüre deinen Körper, fühle deine Verbindung zur Erde, zum Leben, zu dem Weg, den du gegangen bist. Vielleicht magst du dich hinsetzen, barfuß stehen oder einfach die Augen schließen, um diesen Kontakt zu vertiefen. Ein ganz besonderer Fokus liegt in dieser Rauhnacht auf deinen Ahnen. Spüre hinein: Welche Energie nimmst du wahr? Welche inneren Bilder oder Erinnerungen steigen auf?

Bei mir persönlich war die Verbindung zu meiner Mutter ein Tor zur tiefsten Ahnenarbeit. Von der totalen Ablehnung in jungen Jahren, bis hin zur gemeinsamen Reise nach Hawaii, auf der wir, während 60 gemeinsamen Tagen, ihre 60 Lebensjahre gefeiert haben. Diese Versöhnung war heilig. Sie hat mir gezeigt, dass Vergebung möglich ist, dass aus Ablehnung echte Liebe werden kann, wenn beide bereit sind, sich selbst zu begegnen. Heute schöpfe ich Kraft aus dieser Zeit und der Verbindung zu meiner Mutter. Aus den Entscheidungen, die sie getroffen hat, selbst jenen, die wir früher als negativ eingestuft hätten. Es ist, als ob eine innere Stimme sagt:

Was Mama kann, das kann ich auch. Ohne Überheblichkeit, einfach weil sie mir den Weg geebnet hat. Ich liebe sie dafür. Das heißt jedoch nicht, dass wir jederzeit ein Herz und eine Seele sind. Auch heute gibt es ab und zu mal ein paar Meinungsverschiedenheiten zwischen uns. Nur haben wir gelernt, diese ganz anders auszutragen und einander darin aufrichtig zu respektieren.

Auch mein Urgroßvater war ein wichtiger Teil meiner Ahnenreise. Auf geistiger Ebene begegnete er mir zunächst sehr ablehnend. Er konnte nicht verstehen, wie ich als Channel-Medium wirken konnte. Seiner Meinung nach war das keine Arbeit, nichts rechtes eben. Und überhaupt, diese absurde Idee, damit mein Geld verdienen zu wollen, ist ihm sehr sauer aufgestoßen. Erst in unserer Heilungsarbeit erfuhr ich, dass auch er medial begabt gewesen war, seiner Zeit voraus und ziemlich unverstanden. In einer tiefen inneren Begegnung durften wir Frieden schließen. Ich erklärte ihm meinen Weg, mein Warum, und dass mir in meiner Zeit andere Aufgaben gestellt sind. Irgendwann sah ich sein Lächeln und spürte seine Zustimmung. Es war ein heiliger Moment, ein leises, aber klares Ja. Es hat mich tief, sehr in meiner Tiefe bewegt, als ich seinen Segen erhielt. Und ich verstand, dass auch Ahnen wachsen dürfen, über ihre Zeit hinaus. Dass sich ihre Seele weiterentwickelt.

Vielleicht möchtest auch du heute einen Moment innehalten und deinen Ahnen ein paar Zeilen widmen. Sanft. Wahrhaftig. Ohne zu beschönigen, doch mit offenem Herzen. Vielleicht kannst du ihnen danken. Oder dich aussprechen. Und vor allem: Denk auch an dich selbst. Was möchtest du dir heute sagen? Was würdigst du an deinem Weg?

Nimm dir einen Moment, um still zu werden. Atme bewusst. Spüre, wie sich dein Brustkorb hebt und senkt. Fühle deinen Körper, dieses lebendige Zuhause deiner Seele. Lies nun deine Worte oder sprich sie leise. Sprich zu deinen Ahnen, zu dir selbst und auch zu dem Raum, der dich umgibt. Ehre deine Wurzeln. Jetzt. Ganz auf deine Weise.

Alles, was dir heute begegnet, steht in Resonanz mit deinen Wurzeln, mit deiner Herkunft, deiner inneren Stabilität und deiner Standfestigkeit im Leben. Achte bewusst auf die Zeichen, Begegnungen und Gefühle dieses Tages. Sie sprechen mit dir. Gewöhne dir die nächsten zwölf Tage an, Notizen zu machen. Du musst heute nicht alles verstehen. Es kann gut sein, dass du mitten im Jahr vielleicht sehr dankbar sein wirst, wenn du nachschlagen kannst, was in diesem Lunarmonat zur Vertiefung ansteht und du dann die erleuchtende Erkenntnis dazu hast.

Wenn du dich in deinem Leben jemals entwurzelt gefühlt hast, dann lade ich dich ein, heute besonders liebevoll mit dir zu sein. Ich erinnere mich an mein sechzehnjähriges Ich, das allein in Lugano war. Eine Stadt, eine Sprache, ein anderes Leben. Ich kam zurück und war an Bulimie erkrankt. Ein klarer Ausdruck von Entwurzelung und inneren Verlorenheit. Es hat Jahre gedauert, den Weg der Heilung zu gehen, und ja, in gewisser Weise dauert er noch an. Ich habe gelernt, Hilfe anzunehmen, mich, wenn ich in Not bin, zu zeigen und Unterstützung zuzulassen. Denn niemand muss diesen Weg allein gehen. Es ist okay, sich tragen zu lassen. Es ist stark, sich helfen zu lassen. Und das möchte ich dir heute mitgeben: Lass dich halten. Lass dich begleiten. Lass dich lieben und vor allem, sei dir selbst wirklich eine Freundin.

Was also bedeutet Heimat oder Herkunft für dich? Für mich ist es dieser innere Frieden, dieses Gefühl, ganz in mir selbst zu ruhen. Ich spüre es oft auf Reisen, besonders in der Weite Hawaiis. Und doch weiß ich heute: Es ist meine eigene Lebensfreude, meine eigene Frequenz, die ich als Heimat empfinde. Doch, wenn ich die Schweizer Berge sehe, dann lächelt mein Herz, weil auch sie ein Teil von mir sind. So wie alles, was war, ein Teil von dir ist.

Zünde eine Kerze an, wenn du magst. Spüre deinen Atem. Sprich mit deinen Ahnen, mit dir selbst, mit deiner Seele. Du bist verbunden, genährt, gehalten. Von allem, was war. Und von allem, was durch dich neu geboren wird. Weltweit verbinden sich in diesen Nächten tausende Menschen mit ihren Wurzeln, schön, dass auch du eine davon bist.

Wenn du tiefer eintauchen möchtest: Am Ende dieses Buches findest du einen QR-Code. Dieser führt dich zu einer speziell für diese Rauhnacht gechannelten Meditation. Diese Meditation ist Teil einer Sammlung von sieben kostenpflichtigen Alben mit jeweils vierzehn Tracks. Jedes Album enthält zwölf Meditationen sowie ein Channeling zur Wintersonnenwende und eines zur dreizehnten Nacht. Du kannst zum Beispiel mit Mutter Maria, Maria Magdalena, Meisterin Kwan Yin, Lady Portia, Erzengel Michael, Erzengel Raphael oder Lady Gaia meditieren. Jede Rauhnacht-Meditation ist einzeln erhältlich oder im Gesamtalbum verfügbar. Diese Klänge begleiten dich nicht nur durch die Rauhnächte, sondern auch durch das ganze Jahr - zum Beispiel an jedem Neumond.

Saint Germain: Die Zeit mit dir und dein Ja zum Leben

Ich grüße dich, du wunderbare Seele, ich bin Saint Germain und es ist mir eine Ehre jetzt mit dir in diesen ersten heiligen Akt einzutauchen. Heute geht es darum, deine Basis und Herkunft zu erkennen und zu prüfen, wie standfest du im Leben bist. Viele von euch kennen eine Art inneres Sehnen, nicht direkt ein Fernweh, eher ein Gefühl, wo gehöre ich hin, wo bin ich zuhause. Lass es mich als eine Form von Heimweh nach höheren Ebenen umschreiben.

Vielleicht hast du schon einmal die Erfahrung gemacht, dass an einem bestimmten Ort auf Erden dieses Gefühl nachlässt. Dann darfst du diesen Ort als dein momentan seelisches Zuhause bezeichnen. Es ist ein Ort, an welchem deine Seele auftanken kann. Sie verbindet damit schöne Erlebnisse.

Wenn dein Sehnen jedoch diffus ist und dich in die Ferne zieht oder mit einem anderen Planeten oder einer anderen Kultur, von der du gehört hast, in Verbindung steht, dann vertraue diesem Gefühl. Ich will dir auch gleich erklären warum.

Weißt du, geliebte Seele, ihr lebt in einer Zeit, in der die Wahrheit ans Licht kommt. Und eine dieser die Wahrheiten ist, dass ihr schon immer Reisende durch ein immens großes Universum wart, von Planet zu Planet, von Kultur zu Kultur, von Dimension zu Dimension. Heute nennt ihr das „Starseed" oder „Sternensamen", was wissenschaftlich gesehen absolut korrekter ist, als bisher noch nicht bis ins Detail bestätigt wurde. Um in deiner Wahrnehmung standhaft zu sein und die Wahrheit als Lebensbasis zu erkennen, kann dir dieses Sehnen eine große Unterstützung sein, wenn du lernst darauf zu hören.

Lerne, Zeit mit dir selbst zu verbringen und den Dingen, die in dir lebendig sind, deine liebevolle Aufmerksamkeit zu schenken. Lausche ihnen. Genieße, was sich zeigt. In solchen Momenten lade ich dich ein, Ja zu sagen. Ja zu allem, was sich in dir regt. Zu deinen Wünschen, Bedürfnissen, Sehnsüchten. Denn sie zeigen dir, wohin dein innerer Ruf dich lenkt. Sie offenbaren, in welchen Bereichen deines Lebens du nach Wahrheit suchst, vielleicht auch unbewusst.

Die Wahrheit ist: Alles ist bereits da. Zumindest im Geist.

Dein Sehnen führt dich dorthin, wo du heute noch aus einem Gefühl des Mangels schöpfst. Es zeigt dir auf, wo du dich selbst oder das Leben ablehnst. Und Ablehnung kann keine Freude gebären. So wird dir dein Sehnen ein Wegweiser zu deiner Wahrheit, zu deinem inneren Reichtum sein. Es lädt dich ein, dort hinzuschauen, wo Traurigkeit, Frust oder Mangelgefühle wohnen. Denn genau dort liegt Gold für dich verborgen. Gold, das darauf wartet, von dir geborgen zu werden. Gold, das dir die Kraft schenkt, etwas ganz Neues zu erschaffen.

Doch dafür und im ersten Schritt, um absolut standfest in diesem Leben zu sein, Verantwortung zu übernehmen und Neues zu schaffen, ist es notwendig, mit all deinen Sinnen Ja zu diesem Leben zu sagen. Vielleicht fühlst du, dass du dich dazu sehr überwinden musst, über gewisse Widerstände hinweggehen müsstest. Bitte bedenke, dass dies kein ehrliches Ja wäre! Doch es gibt eine wunderbare

Lösung, deine Worte sind Befehl. Geliebte Seele, dein Wunsch, dein Wort ist unser Befehl, und mit „uns" ist dein geistiges Team gemeint, das mit dir zusammen hier auf Erden alles möglich macht. Wenn du regelmäßig laut Ja zu deinem Leben sagst, dann wirst du täglich ein bisschen mehr Fuß fassen und Wurzeln schlagen, da, wo du im Moment hingehörst.

Erinnere dich, geliebte Seele, das Universum macht keine Fehler. Du bist schon am richtigen Ort. Du sollst hier sein, ganz und gar. Dein Sehnen, egal wonach, nach physischer, materieller Fülle, nach Wissen um Herkunft und Qualität, nach Gesundheit, Geborgenheit und Liebe, ist ein Wegweiser, eine Erinnerung deiner Seele, zu schöpfen. Nimm dir heute Zeit, all deine Wünsche und Bedürfnisse zu notieren, so wie sie kommen, ohne über das wie nachzudenken.

Dein Ja, ein Bekenntnis an das Leben

Eine einfache Übung ist es, dich vor den Spiegel zu stellen, in deine Augen zu blicken und Ja zu dir selbst zu sagen:

Ich sage Ja zu diesen Leben, ich sage Ja zu mir. Ich sage Ja zu meinen Qualitäten und ich sage Ja zu all dem, was ich als Mangel in meinem Leben und in mir selbst wahrnehme. Ich sage Ja zu meinen Charakterschwächen. Und ich sage Ja zu meinen Stärken. Ich sage Ja zu diesem Leben, zu allen Umständen, auch Missständen. Denn so wahr ich hier und jetzt bin, übernehme ich Verantwortung und bin bereit, alles zu verändern, was in meiner Macht liegt. Denn die Macht liegt in mir.

Die Herkunft deiner Seele ist unbestritten göttlich. Sie hat viele Stationen durchlaufen und sich auf diversen Planeten und in deren Kulturen weise gemacht. Deine Seele ist eine Reisende und jetzt hier, weil die Erde, Mama Gaia, nach dir gerufen hat, dich bat, mit all deinem Wissen, deinen Qualitäten und Stärken in einer Zeit der Erleuchtung des Planeten hier zu sein. Du bist hier, weil du deine Aufgabe getreu angenommen hast und bereit bist, deinen Weg zu gehen, dich selbst zu erheben und einen großen Schritt im Bewusstsein deiner Seele zu tun. Genau wie dies auch Mama Gaia tut.

Als sag Ja zu dir, zur Erde und zu deinem Leben, damit das Universum dir in allen Lebensbereichen nur noch mit Ja antworten kann. So bestätigt es doch ständig deine innere Einstellung. Nicht wahr?

Ich bin Saint Germain und es ist mir eine Ehre, mit dir zu sein. Ich liebe dich und danke dir.

2.
RAUHNACHT

Die Stimme deiner Seele hören

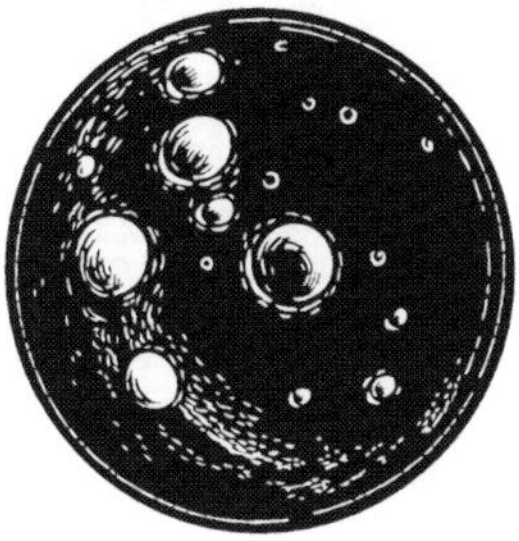

Der zweite Neumond

Diese Nacht gehört dir und deiner inneren Führung. Sie lädt dich ein, ganz still zu werden, um das Flüstern deiner Seele zu empfangen. Es ist eine Einladung, nicht im Außen nach Antworten zu suchen, sondern dich bewusst nach innen zu wenden, dorthin, wo dein inneres Licht niemals verlöscht. Deine Seele spricht zu dir. Und sie tut dies nicht mit lauten Trompetenstößen, sondern in den leisen Momenten des Alltags.

Ich selbst habe das oft beim Zähneputzen erlebt. Ja, genau in solchen ganz einfachen, unscheinbaren Momenten. Wenn mein Körper etwas Automatisches tut und mein Verstand nicht gebraucht wird, entsteht ein Freiraum. Ein Raum, in dem meine Seele zu mir spricht. Dann, ganz plötzlich, ist da einfach ein glasklarer Gedanke. Nicht irgendein Gedanke, kein logisches Überlegen, kein inneres Planen, sondern eine Eingebung mitten ins Herz.

Es ist wie ein feines, leises helles „Klick." Ein Satz, ein Bild, ein Impuls, der nicht aus meinem Alltagsdenken kommt, sondern aus einer anderen Tiefe. Und doch geschieht das manchmal gerade bei Gedanken, die sich schon seit geraumer Zeit im Kreis drehen. Plötzlich ist es klar, einfach, logisch, simpel. So, als hätte jemand eine innere Tür geöffnet. Still, klar und ich spüre, wie sich mein ganzer Körper für einen Moment mit Wärme, Entspannung oder reiner Tatkraft füllt, mit Sicherheit, Vorfreude oder diesem leisen, tiefen Wissen, das keinen Beweis braucht.

Das Faszinierende daran ist: Diese innere Stimme spricht in der Sprache meines Herzens. Mal auf Schweizerdeutsch, mal auf Hochdeutsch, manchmal sogar auf Spanisch oder Englisch. Je nachdem, wo ich gerade bin, innerlich oder äußerlich. Wenn ich auf Hawaii bin, denke ich manchmal auf Englisch und so kommen die Eingebungen dann auch in dieser Sprache. Das zeigt mir: Meine Seele nutzt all meine inneren Werkzeuge, um sich mitzuteilen. Sie spricht nicht in einer bestimmten Sprache, sie spricht durch mich, in all meinen Facetten.

Die Stimme deines Herzens ist einfach zu erkennen: Sie ist stets liebevoll. Sie kennt keine Pflicht, keinen Druck, keine Scham. Wenn du also Stimmen in dir hörst, die dich abwerten oder unter Druck setzen, dann sind sie nicht deine wahre innere Führung. Die geistige Welt respektiert deinen freien Willen zutiefst. Sie wird dich niemals bedrängen oder kontrollieren. Sie wartet, bis du bereit bist zu empfangen.

Vertraue auf deine Körperweisheit. Wenn du unsicher bist, ob ein Impuls aus deinem Inneren stammt oder nicht, frage deinen Körper. Er weiß es. Fühlt er sich entspannt an? Weitet sich dein Herz? Kommt sogar ein leises Lächeln? Dann ist es ein Ja. Spürst du jedoch Druck, Enge, Herzrasen oder andere Zeichen von Unbehagen, dann spricht dein Körper ein klares Nein. Dein Körper ist ein hochintelligentes Instrument deiner Seele. Er übersetzt für dich, was dein Verstand manchmal nicht greifen kann.

Ich weiß, es ist nicht immer leicht, dieser inneren Stimme zu vertrauen. Auch mir fiel das nicht immer leicht. Obwohl ich seit über 20 Jahren mit der geistigen Welt arbeite, gab es Zeiten, da war es für mich einfacher, für andere zu channeln als für mich selbst. Ich habe in vielen Therapiestunden mit meiner lieben Freundin Silvia gearbeitet, um meine Ängste und Zweifel zu heilen. Es brauchte Mut, mein eigenes inneres Licht ganz zu leben. Doch etwas durfte ich in diesen vielen Jahren erkennen: Die geistige Welt hat mich nie enttäuscht, höchstens die Täuschung von mir genommen. Und ja, zu Beginn hat sich das manchmal wie eine Enttäuschung angefühlt. Doch rückblickend war es stets ein Segen, ein Akt der Wahrheit und Befreiung. Sie hat mich nie im Stich gelassen. Und das wird sie auch bei dir nicht tun. Heute weiß ich: Die wichtigste Verbindung ist die zu meinem eigenen höheren Selbst. Wenn ich mich damit verbinde, bin ich klar, stark und sicher. Dann kann ich mich öffnen, für Meister, Engel, Ahnen, Krafttiere, Kristalle, Pflanzen oder lichtvolle Helfer aus anderen Dimensionen. Die ganze geistige Welt steht dir zur Verfügung, wenn du dein Herz öffnest.

Nimm dir heute bewusst Zeit, in die Stille zu gehen. Nicht, um etwas zu erreichen. Sondern um dich zu erinnern. Um dich zu öffnen, um deinem Innersten Raum zu geben. Setz dich hin, öffne dein Tagebuch, greif zu Farben, zu Formen, zu Worten. Male, schreibe, kritzle. Lass deine Hand führen. Sing, wenn dir danach ist. Oder tanze. Vielleicht spürst du, wie etwas durch dich hindurchfließt, wie ein innerer Strom, der plötzlich da ist und dich berührt.

Vielleicht beginnt dein Körper sich sanft zu wiegen oder möchte sich ganz intuitiv bewegen, um Spannungen zu lösen. Vielleicht möchtest du einen Klang erzeugen oder ein Lied summen, ohne Melodie, einfach aus dir heraus. Vielleicht lachst du plötzlich. Oder es kommen dir Worte über die Lippen oder auf das Papier, die dich selbst überraschen. Worte, von denen du nicht wusstest, dass sie in dir wohnen und die sich trotzdem genau richtig anfühlen.

Das kann der Beginn von intuitivem Schreiben sein. Oder ein mediales Malen. Oder einfach ein Ausdruck deiner Seele in genau dieser Form, heute, in diesem Moment. Erwarte nichts, doch sei bereit, alles zu empfangen. Denn genau darin liegt die Magie dieser Nacht.

Eine kleine Übung:

Stell dir vor, dein hohes Selbst sitzt dir gegenüber. Schau ihm in die Augen. Spüre seine Liebe. Stell ihm eine Frage. Und dann schreibe auf, was du empfängst, ohne zu bewerten. Lass deine Seele sprechen.

Du kannst auch nach Begleitern für das neue Jahr fragen. Gibt es aufgestiegene Meister, Erzengel, Ahnen, Tiere, Pflanzen oder Steine, die dich begleiten möchten? Notiere, was kommt. Zweifle nicht. Du bist ein kostbares Wesen. Die geistige Welt liebt dich. Sie freut sich, wenn du sie einlädst, mit dir gemeinsam zu wirken.

Und erinnere dich: In diesen Nächten öffnen sich Portale. Sie schenken uns tiefere Einsichten und einen unmittelbaren Zugang zur geistigen Welt. Nutze sie, um deine innere Stimme zu stärken und dich mit deiner wahren Führung zu verbinden.

Möge diese Nacht ein heiliger Raum sein, in dem du dir selbst begegnest, tiefer als je zuvor.

Saint Germain: Eigenverantwortung als Quelle der Schöpfung verstehen

Wir, die geistige Welt und deine höhere Führung, erwarten dich heute auf ganz besondere Weise. Wir wollen dich an unsere Gleichheit erinnern. An deine immensen Fähigkeiten, an deine Qualitäten, an deine Geistigkeit, an deine Göttlichkeit.

Heute, als zweiten Schritt, wollen wir dich bitten, dir die Macht der Erkenntnis einzuräumen, dass Wünsche und Bedürfnisse auf irdischer materieller Ebene, durch dich als die Quelle alles Lebendigen, erschaffen werden. Deine Seele, dein Geist, dein hohes Selbst leben in absolutem Überfluss und ziehen diesen daher niemals in Zweifel. Doch du, in deinem irdischen Kleid hast die Chance, beides zu erleben: Sowohl den Mangel als auch die Fülle.

Deine höhere Führung begleitet dich und führt dich präzise zu allen wichtigen Wendepunkten deines Lebens. Es geht nicht nur darum, dein Vertrauen in sie zu stärken, sondern auch zu erkennen, wie vollkommen sich die kleinsten Details mit deinem eigenen Wirken zu einem großen Ganzen verweben. Die Verbindung mit deinem höchsten Selbst bedeutet Erleuchtung.

Kleine Erleuchtungen erfährst du tagtäglich, diese Lichtblitze, diese Momente, in denen einfach etwas klar wird und meist ganz ohne großes Trara, Pauken und Trompeten erlebt wird. Das sind diese wunderbaren Momente, in denen deine Seele dich durchflutet. Leise, kraftvoll, klar und du erkennst: Die Verbindung zu deinem höheren Selbst war nie unterbrochen. Du bist eins mit deiner Wahrheit. Und diese Wahrheit beginnt zu fließen, durch jede Zelle deines Körpers, hinein in dein Leben, in das lebendige Dasein, dass du in Wahrheit bist.

In der Kunst des Schöpfens gibt es einen wesentlichen Schritt, den viele übersehen. Die vollständige Annahme dessen, was ist. Das bedeutet nicht, mit allem einverstanden zu sein, wie es im Allgemeinen oft verstanden wird, und schon gar nicht, alles gutzuheißen. Vielmehr geht es darum, anzuerkennen, dass auch das Schwierige Teil deines Weges ist. Versuche nicht, mit dem Leben zu verhandeln, erkenne es an, so wie es ist. Versuche auch nicht, dich gegen das zu wehren, was dir begegnet. Und noch viel weniger: Dich selbst oder andere dafür zu verurteilen. Wenn du spürst, dass du innerlich in eine Haltung rutschst, in der du dich als Opfer fühlst, so als wäre etwas in deinem Leben falsch oder ungerecht, dann atme tief durch. Erinnere dich: Nichts ist gegen dich. Alles ist für dich.

Jede einzelne Aufgabe, jede Herausforderung, jede Begegnung, die dir bis heute auf deinem Weg erschienen ist, hast du mit Bravour gemeistert. Du bist noch hier. Du bist gewachsen. Und du wirst es wieder tun. Da gibt es nichts zu verhandeln. Es ist so. Du darfst dir absolut sicher sein: Genau das, was jetzt in deinem Leben ist, ist das, was du meistern sollst. Es ist kein Zufall. Es ist keine Strafe. Es ist dein Weg. Und es hat mit dir zu tun. Zutiefst. Auch wenn es im Außen aussieht, als käme es durch andere Menschen, durch Umstände, durch alte Geschichten: Es ruft dich. Es will dich erinnern, führen, lehren und vor allem stärken.

Vielleicht ist das Wort „ausschließlich" in diesem Zusammenhang nicht ganz korrekt, doch es bringt etwas Wesentliches auf den

Punkt: Du bist der Ursprung deiner Wahrnehmung. Und du bist diejenige, die das Steuer in der Hand hält. So beginnt gelebte Eigenverantwortung.

So bitte ich dich, dich wirklich voll in die Verantwortung zu nehmen für alles, was dir widerfährt, jeden glücklichen Moment genauso wie die herausfordernden, die schwierigsten, die du bis heute erlebt und gemeistert hast. Die Verantwortung zu übernehmen, bedeutet nicht zu glauben, dass du als Mensch alles erschaffen hast oder gar schuld bist. Es bedeutet: Du warst da. Du hast es erlebt. Und genau darin liegt die Kraft.

Deine höhere Führung, deine Seele lässt dich nie im Stich. Ganz besonders in dunklen Momenten sind wir ganz nahe, halten dein Licht, damit du in der Dunkelheit die Schatten erkennen kannst. Denn um in Dunkelheit Schatten zu werfen, braucht es Licht. Und dieses Licht, das bist du.

Wenn du dich also in eine gewisse Dankbarkeit hineinbewegen könntest, dafür, dass all die Geschehnisse, die gerade da sind, einen wertvollen Einfluss auf dich haben, dann ist das großartig. Die Ursachen und Wirkungen, die du erlebst, reichen oft weit über Raum und Zeit hinaus. Deshalb machen sie für den Verstand nicht immer sofort Sinn und doch tragen sie eine tiefere Bedeutung in sich.

So machst du dich frei. Frei und offen auf die Lebenssituationen einzugehen, sie anzuschauen und sie somit zu durchschauen. Das heißt also, durch die Schatten der Dunkelheit ins Licht zu schauen, dieses als Wahrheit zu erkennen und die Geschenke, die alle Lebenssituationen beinhalten, zu erkennen.

Dich mit deiner höheren Führung zu verbinden ist absolut leicht. Es braucht dafür keine komplizierten Techniken. Ganz im Gegenteil. Es braucht nur und ausschließlich, dein Ja. Dein Vertrauen, dein Wissen, dein Wort, deine Absicht, deine Bitte. Oder anders gesagt: Sein.

Mach dir klar, du bist immer verbunden mit deiner höchsten Quelle. Du bist ein Anteil von ihr, stets durchflutet, genährt und gestärkt durch ihre Kraft. Diese höhere Führung ist eine unendliche göttliche Quelle von Weisheit, Liebe und Güte. Halte doch einen Moment inne und atme diese Worte. Fühle sie und werde vielleicht kreativ in ihnen. Bewegen, tanzen, singen, musizieren, malen, schreiben, Handarbeiten aller Art. Ganz egal, welche Formen deine Kreativität heute annimmt. Ich bitte dich, gib dir Ausdruck in deiner höchsten innersten Führung, mit dieser Güte, dieser unendlichen Liebe und Weisheit. So durchflutet diese nach und nach all deine Zellen, fließt von dir bewusst, durch deinen Geist in deinen Körper und von deinem Körper auch wieder zurück und ebenso hinein in deinen Verstand. So wächst du nach und nach über deine Wünsche und Bedürfnisse hinaus, und dies wiederum bedeutet, dass sie Form annehmen. Atemzug für Atemzug.

Sei die Quelle von Freude, Gesundheit, Lebendigkeit, Frohsinn, Güte und Liebe. Sei sie in deiner höchsten Form und werde zu ihr, als das, was du längst bist in deiner physischen Form.

Ich bin Saint Germain und ich begleite dich auf diesem Weg.

Ich danke dir.

3.

RAUHNACHT

Wenn dein Herz sich erinnert

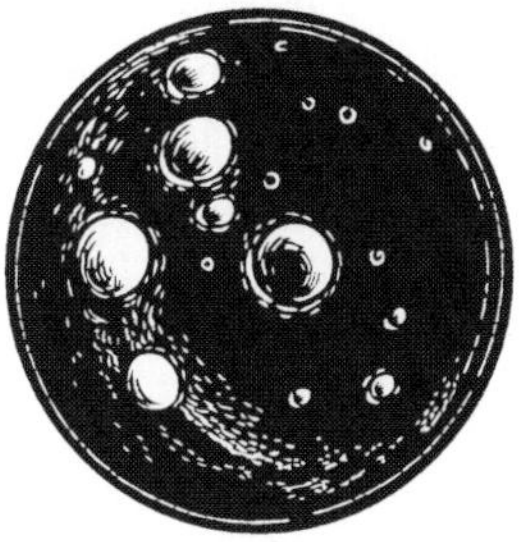

Der dritte Neumond

Diese Rauhnacht trägt die Energie der Wunder, der Vergebung, der Gnade und der Liebe in sich. Sie lädt dich ein, dein Herz weit zu öffnen. Nicht nur für andere, sondern auch und vor allem für dich selbst. Vielleicht ist genau dies die größte Herausforderung für uns heutzutage: Uns selbst zu lieben, zu ehren, zu halten in Momenten, in denen wir uns von uns selbst entfernt fühlen.

Herzöffnung klingt zuerst sanft, zart, vielleicht sogar romantisch. Doch sie kann in ihrer Tiefe erschütternd sein. Manchmal ist es der Verlust eines geliebten Menschen, der das Herz aufreißt und zugleich weit macht. Oder ein Abschied, den du nicht wolltest. Ein Moment der Hilflosigkeit, in dem du plötzlich nur noch fühlen kannst und gerade darin das Leben dich berührt. Herzöffnung kann durch Trauer geschehen, durch einen Geburtsvorgang, einen Klang, der dich aus dem Nichts zu Tränen rührt, oder durch die stille Berührung eines Tieres, das dich anschaut, als würde es deine Seele kennen.

Die Liebe öffnet das Herz, aber nicht jede Liebe erfüllt sich so, wie wir es uns wünschen. Und doch sind es genau diese Begegnungen, die unser Herz für eine neue Ebene der Liebe vorbereiten. Herzöffnung geschieht nicht nur durch andere Menschen oder Tiere, es kann auch ein Erlebnis sein, ein Ort oder einfach ein Moment.

Ich erinnere mich an einige dieser magischen Momente in meinem Leben. Einer davon, der mich ganz grundliegend verändert hat, erlebte ich auf Hawaii. Ich war allein, sprach die Sprache kaum, hatte niemanden an meiner Seite und fühlte mich dennoch zutiefst behütet. Die Kraft der Natur, der Klang des Windes, das Quaken der Coqui, der kleinen Frösche, das Rauschen der Wellen vom Ozean, all das öffnete mein Herz auf eine Weise, wie es Worte kaum beschreiben können.

In dieser stillen, freien Weite durfte ich Augenblicke erleben, in denen ich erkannte: Ich liebe mich. Wirklich, ehrlich, innig und wahrhaftig.

Doch ich erkannte auch, dass es viele Momente gibt, in denen meine Liebe zu mir selbst nicht bedingungslos, sondern an einige Konditionen, die ich zu erfüllen habe, geknüpft ist. Wenn ich fleißig bin, viel leiste und mich anstrenge, dann bin ich „ein gutes Mädchen." Die Erfahrung zeigt jedoch, dass meine Selbstliebe nur so bedingungslos fließen kann, wenn ich mich frei fühle, wenn ich losgelöst bin von Erwartungen, Rollen, Zeitdruck. Als ich mich aus den selbstgebauten Strukturen herauslöste, in denen ich mich sonst oft selbst gefangen gehalten hatte, das war total lebensverändernd für mich. Auf Hawaii war sie da, diese Frau, die ich bin, wenn ich frei bin. Diese weiche, liebevolle, wilde, klare Frau, die sich selbst ohne Zweifel umarmt. Und manchmal, wenn ich mitten im Alltag bin, sehne ich mich nach genau dieser Version von mir. Ich merke, wie ich mir selbst Bedingungen stelle: Ich liebe mich, wenn ich genug umsetze. Ich liebe mich, wenn ich alles richtig mache. Doch das Leben ist nicht gemacht für Bedingungen. Es ruft uns in die bedingungslose Liebe.

Und so ist dieser Moment auf Hawaii für mich zu einem inneren Bild geworden. Zu einer Erinnerung daran, dass ich immer diese Frau bin. Auch mitten im Alltag. Auch mit Aufgaben, Strukturen und Verpflichtungen. Ich darf lernen, mich auch dort zu lieben, in der Begrenzung, in der Spannung, in der Unvollkommenheit. Denn die wahre Herzöffnung beginnt dort, wo ich mich selbst in den Arm nehme, auch wenn ich mich gerade verloren habe.

Diese stille Erkenntnis hat mich erinnert, dass Herzöffnung nicht bedeutet, alles zu verstehen oder zu kontrollieren, sondern sich hinzugeben. Dem Moment. Dem Wunsch. Dem Weg. Dem Wunder.

Und dann gibt es da diese anderen Herzöffnungen, beim Channeling. Wenn ich eine Botschaft empfange, sei es für die Neumondbotschaften oder für jemanden ganz persönlich, und plötzlich spüre: Das ist ein Schlüssel. Nicht nur für mich, sondern für viele. Dann fließt etwas durch mich, das größer ist als ich und mein Herz öffnet sich in einem Zustand von Demut und tiefster Dankbarkeit.

Heute ist ein Tag für genau solche Momente.

Nimm dir heute Zeit, ganz bei dir zu sein. Wenn du kannst, geh in die Natur. Rieche sie. Lausche ihr. Spüre sie. Lass dich erinnern. Wenn das nicht möglich ist, nimm deine Stimme, deine Trommel, deine Klangschale oder deinen Atem. Ich mache das oft auf Reisen, auch mitten auf einem Flughafen. Dann lausche ich zuerst der Welt, bis ich in meinem eigenen Atem ankomme. Und dann tauche ich ein. In mein Inneres. In mein Herz.

VIELLEICHT MÖCHTEST DU DICH HEUTE FRAGEN:

- Wer oder was nährt mein Herz wirklich?
- Was bringt mich zum Strahlen?
- Wem habe ich geholfen und wer war für mich da?

Nimm dein Tagebuch zur Hand und lausche. Lass dich führen. Male, schreibe, summe, weine, lache, ganz wie es fließt. Es gibt kein Ziel. Nur diesen Moment. Vielleicht wird daraus intuitives Schreiben oder Singen oder ein Bild oder ein inneres Ja.

Wenn du auf dein Herz hörst, horche auch auf die Stimme in dir, die dich manchmal daran erinnert, was du brauchst. Ich selbst kenne es gut, dieses Zögern, diese kleine Stimme, die sagt: Mach eine Pause. Greif zur Violine. Näh etwas. Male. Und doch, zu oft schiebe ich sie weg. Buchhaltung, Termine, Pflichten. Dann kommt der Moment, an dem der Körper ruft, müde und leer. Und ich erkenne: Ich habe mich überhört. Wieder.

Vergebung beginnt da, im Kleinen. Bei dir. Bei mir. Jeden Tag neu.

Heute ist ein Tag der Herzensvergebung.

Vergib dir. Vergib anderen. Öffne dein Herz nicht nur für die Wunder, sondern für den Schmerz, den du gehalten hast. Auch das ist Liebe. Auch das ist Licht.

UND WENN DU MAGST, FRAGE DICH:

- Was ist der Sinn meines Lebens? Nicht als große, philosophische Frage. Sondern ganz leise. Ganz nah.
- Was will ich der Welt schenken, allein dadurch, dass ich da bin?

Denn das Leben wird dann leicht, wenn du ihm selbst einen Sinn gibst. Ein friedlicher. Ein freudvoller. Ein liebevoller. Dann werden Entscheidungen klar. Macht es dir Freude? Tu es. Nicht? Dann ändere deine Haltung oder beende, was dir nicht guttut. Doch tu es bewusst. In Würde und mit Respekt. Für dich. Für das Leben.

Heute ist der Tag der Herzenergie.

Und dein Herz ist bereit.

Saint Germain: Die Kraft deines Herzens

Heute wollen wir uns ganz deinem Herzen widmen, dieser unendlichen Quelle von Güte und Liebe, sowie deinem hohen Selbst. Dein Herz ist im Prinzip die dichteste Form davon. Zumindest ist das ein gutes Bild, um eine Vorstellung davon zu haben, wie großartig und machtvoll deine Herzenskraft eigentlich ist.

In vielen Geschichten über aufgestiegene, bewusste Menschen wird über deren großes Herz, über dessen Güte und Weisheit gesprochen. Da du ein Kind der Menschheitsfamilie bist, genauso wie eines der Sternenvölker, ist in dir die genetische Struktur vorhanden, eine immense Güte in dir zu tragen, genauso allerdings, wie die Geschichte von Leid und Schmerz, die auf Erden nach wie vor geschrieben wird.

Dein physischer Körper, ein Sinnbild und Abbild der Akasha-Chronik in Bezug auf diese Erde, weiß über alles Bescheid. Wirklich über alles. Weit mehr als nur sieben Generationen zurück ist es ihm möglich, das gesamte Wissen auf Erden für dich leibhaftig zu gestalten.

Du tust also gut daran, mit deinem ganzen Herzen, deinen Freund und Begleiter, deinen Körper zu lieben, ihn zu ehren, ihn vielleicht heute auch besonders zu verwöhnen. Was tut dir gut, frage ich dich?

Werde in der Umsetzung dessen, was dir gut tut bitte ganz physisch, indem du zum Beispiel ein Bad nimmst, eine ausgiebige Dusche und, wenn möglich, einen Spaziergang in der Natur. Das, was dir guttut, wie zum Beispiel Musik hören, dich bewegen, etwas länger schlafen, was auch immer es ist, gönne es dir.

Jedoch gönne dir bitte heute unbedingt auch ein Bad in deiner eigenen Herzenskraft. Dafür setze dich hin und atme. Atme tief und bewusst hinein in deinen Herzensraum. Aktiviere dein Herzchakra durch leichtes Klopfen mit deinen Fingern auf dein Brustbein. Atme. Und dann erlaube dir die Vorstellung, wie dein energetisches Herz und dessen Strahlen mit jedem Einatmen weiter wird, größer wird und sich weit über deine Physis ausdehnt und deinen ganzen Körper umhüllt. Lass dieses Umhüllen so lange wie möglich andauern. Bleib ganz konzentriert dabei und fühle, wenn es dir erlaubt ist, wie deine Zellen sich klären, sich nähren, sich in ihrer Tiefe entspannen und auftanken. Glaube mir, schöne Seele: In deiner Herzenskraft zu baden ist „das Spa-Erlebnis" für deinen Körper.

Und wenn ich ehrlich bin, nicht nur für deinen Körper. Tatsächlich ist es ein unglaubliches Erlebnis für alles, was dich umgibt. Die gesamte Materie. Jeder Mensch und jedes Tier, jede Pflanze, jedes energetische Wesen, das dich umgibt und somit in deiner Herzenskraft baden darf, ist in diesem Moment gesegnet. Denn so wie dich deine Um- und Mitwelt beeinflusst, beeinflusst du in diesem Moment alles, was dich umgibt.

Deine Aura beträgt bereits heute einen Durchmesser von weit mehr als fünfzehn Metern. Also dehne dich aus im Atem und bade in deiner Herzenskraft. Dein Herz schwingt in einer Frequenz, die alles durchdringt – vom härtesten Stein und Eisen bis hin zur lichtvollsten Ebene. Bedingungslose Liebe ist ein wunderbares Wort, um diese

Frequenz zu beschreiben. Jegliche Krankheit, jegliches Verkümmern im Geist wie in deiner Physis kann durch diese Frequenz verändert werden. Das ist nichts Neues. Aber es wirklich zu tun, täglich, mit Konsequenz und Regelmäßigkeit, das wäre bei vielen von euch tatsächlich etwas Neues. Würde die Menschheit und damit meine ich alle Menschen regelmäßig in ihrer eigenen Herzenskraft baden, wäre der Weltfrieden kein ferner Traum mehr, sondern greifbare Realität.

Wenn du in deinen tiefen Stunden denkst, du könntest andere ja doch nicht beeinflussen und sowieso nichts dazu beitragen, dass sich die Welt ändert, dann bitte ich dich, in solchen Momenten in Zukunft unbedingt innezuhalten. Stell dir vor, du könntest diesen Gedanken in deinen Armen halten, und umarme auch die Person, die diesen Gedanken gedacht hat, nämlich dich. Und dann kläre diese Meinung, denn sie entspricht nicht der Wahrheit. Du beeinflusst die Welt weit mehr, als du denkst. Und du beeinflusst sie ganz besonders in stillen Momenten, in Momenten der Einheit mit dir selbst. In Momenten, die so kraftvoll sind, dass sie wie eine Supernova alles, was dich umgibt, berühren.

Erliege also nicht dem Irrtum, dass stille Momente nur für dich heilsam wären. Erkenne das Geschenk, das in ihnen wohnt. Wenn du still wirst, atmest und heilst, heilst du die Welt. Deswegen bist du ein Geschenk für diese Welt. Deine Herzenskraft weiß darum. Sie ist dieses Geschenk, sowohl für dich und auch für andere.

Und ich liebe dich dafür.

Also atme und bade in der Kraft deines Herzens. Wir werden dir beiwohnen. Wir, dein gesamtes geistiges Team.

Ich bin Saint Germain. Und ich danke dir.

4.
RAUHNACHT

Reinigung durch Bewusstsein

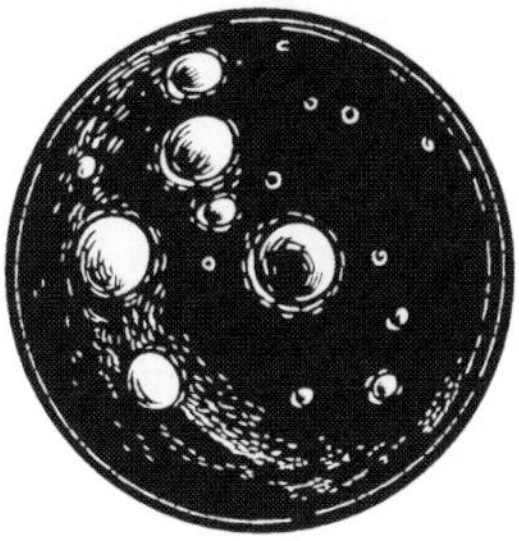

Der vierte Neumond

Die heutige Rauhnacht lädt dich ein, Altes loszulassen. Nicht nur aus den letzten Tagen, sondern auch aus tiefen Schichten deines Lebens. Manchmal sind es nicht die großen Umwälzungen, sondern die vielen kleinen inneren Knoten, die uns festhalten.

Schreib heute alles auf, was dich bedrückt, frei von der Leber weg. Ohne Zensur. Genau so, wie du darüber denkst. Erlebe, wie befreiend es sein kann, alles auf Papier fließen zu lassen: roh, ehrlich, vielleicht sogar trotzig. Lass die Worte kommen, wie sie möchten. Du musst dich nicht zügeln.

Und ja, ich weiß, während ich das hier schreibe, trage ich selbst ein etwas schiefes Lächeln, ich fordere dich trotzdem heraus: Geh noch einen Schritt weiter. Schreibe vor jede negative Formulierung den Satzbeginn:

Ich bin einverstanden damit, dass...

Zum Beispiel: Ich bin einverstanden damit, dass ich mich so sehr über meinen Nachbarn ärgere.

Und nun dreh deinen Blick, formuliere jede dieser Aussagen in etwas Lehrreiches, Positives oder Befreiendes um, und beginne sie jeweils mit:

Denn ich lerne daraus...

Zum Beispiel: Denn ich lerne daraus, wie wichtig mir Ruhe ist und dass ich meine Grenzen liebevoll vertreten darf.

Du wirst sehen: Der Moment des Umdrehens verändert bereits etwas in dir. Du kehrst deinen Blick von der Schwere hin zur Erkenntnis.

Hier ein paar weitere Beispiele, wie dieser Wandel aussehen kann:

Ich bin einverstanden damit, dass ich mich ständig um Geld sorge. Denn ich lerne daraus, wie tief der Wunsch nach Sicherheit in mir verankert ist, und öffne mich dafür, auf neue Weise versorgt zu sein.

Ich bin einverstanden damit, dass ich mich wieder überfordert habe. Denn ich lerne daraus, besser auf meine innere Stimme zu hören und meine Kraft achtsamer einzuteilen.

Du darfst diesen Vorgang wie ein inneres Alchemie-Ritual betrachten. Wie eine heilige Kunst, bei der du das Blei deiner Gedanken in das Gold deines Bewusstseins verwandelst. Ohnmacht wird zu Würde. Ärger zu Einsicht. Schmerz zu innerem Licht.

Doch bleibe nicht beim Schreiben allein. Denn deine Worte tragen eine Schwingung in sich und gesprochen entfalten sie eine noch tiefere Kraft. Sie wirken, sie formen, sie erschaffen.

Ich lade dich ein, dir selbst vorzulesen, was du niedergeschrieben hast. Sprich es laut aus, nicht nur in Gedanken.

Die ganz Mutigen schauen sich dabei in die Augen. Im Spiegel. Oder sie teilen ihre Worte mit jemandem, dem sie vertrauen. Einem Freund, einer Freundin, jemandem, der dein Herz kennt.

Du wirst spüren: Etwas geschieht. Auch wenn es dir im ersten Moment fremd erscheint, wenn du dennoch aussprichst: „Ich bin einverstanden damit ...", und mit offenem Herzen anerkennst, was du daraus lernen darfst, dann trittst du über eine Schwelle. Eine magische Schwelle, auf der sich das Bekennen mit dem Bekräftigen verbindet. Denn dein gesprochenes Wort ist wie ein Zauber. Es sendet aus. Es wirkt. Es bringt in Bewegung, was bereit ist, sich zu wandeln.

Du bist Mitschöpferin mit jedem Satz, den du bewusst sprichst. Sprich ihn also mit Liebe, mit Klarheit und im Vertrauen. Und wenn du spürst, dass du bereit bist, dann übergib deine Liste, dein Brief dem Feuer. Lass das Alte gehen. Die Asche darf dem Wind gehören und deine neuen Worte der Zukunft.

Ich erinnere mich an einen solchen Moment in meinem eigenen Leben. 2017 auf Hawaii wurde mir plötzlich klar, dass ich mein altes Leben nicht länger führen möchte. Eine volle Praxis mit Einzelsitzungen, wie ich es mir zwar sehr lange gewünscht habe, doch es wurde zu sehr engen Strukturen, zu einem durchgetakteten Leben, alles fühlte sich zu eng an. Ich wusste nicht, was stattdessen kommen sollte. Aber ich wusste: So nicht, ich darf loslassen!

Noch auf Hawaii habe ich dieses Ritual gemacht und als ich zurückkam, gab ich meine Wohnung auf, zog zurück in ein Zimmer auf dem elterlichen Bauernhof und begann, von dort aus die Welt zu bereisen. Mein Hab und Gut, alles, was ich angesammelt hatte, landete in einer Garage bei einem großzügigen Freund. Zwei Jahre später spendete ich meinen gesamten Hausrat an ein Frauenhaus.

Erinnerungsstücke, Dekoration, Lockenwickler, ich ließ alles gehen. Es war befremdlich, schmerzhaft und ja, auch zutiefst befreiend.

So ähnlich erging es mir auch mit den Einzelsitzungen. Ich hatte Angst vor den Reaktionen, hatte Bedenken, ob es „erlaubt" sei, diesen gut laufenden Teil meiner Arbeit loszulassen. Doch in meinem Innersten wusste ich: Es ist Zeit für Veränderung. Und die neue Freiheit in der Arbeit mit Online-Gruppen hat mir eine völlig neue Tiefe geschenkt.

Auch das Thema Mangel hat mich in dieser Zeit eng begleitet. Früher dachte ich, eine volle Praxis würde alle Unsicherheiten heilen. Finanziell, emotional und spirituell. Doch wohl wahr, der Mangel ist ein strenger, aber weiser Lehrer. Heute, wenn ich spüre, dass ein Bereich meines Lebens sich eng anfühlt, setze ich mich bewusst hin und horche. Was will mir dieser Mangel zeigen? Wo darf ich mehr Kapazität, Selbstliebe oder Hingabe entwickeln? Ich beobachte, mit offenem Herzen. Das hat mir damals wie heute sehr geholfen, mich selbst aus dem Mangeldenken zu holen und in die Fülle des Lebens einzutauchen. Schließlich ist es genau diese, die uns dann den Wandel in unser Leben bringt.

Und so lädt dich die heutige Rauhnacht ein, hinzuschauen. Aufrichtig. Zärtlich. Dich zu bereinigen. Auch das, was in den letzten Tagen der Rauhnächte nicht so gut lief, verdient heute deinen liebevollen Blick.

Wie schon erwähnt, schreib es auf. Verwandle. Und lade anschließend dein geistiges Team ein, um deine Worte in einem kleinen Feuerritual dem Licht zu übergeben. Mehr dazu findest du im Kapitel „Feuerritual – Ein Ritual der Wandlung."

Du bist nicht allein. Du wirst begleitet. Und das, was du heute loslässt, schafft Platz für all das Neue, das auf dich wartet.

Saint Germain: Erlösen

Ich grüße dich, ich bin Saint Germain und ich freue mich darauf, den vierten Schritt mit dir zu gehen. Ein wesentlicher und unabdingbarer Schritt, um ehrlich zu sein. Es geht nämlich um das Erlösen, auch bekannt als Loslassen.

Du weißt, wir spinnen die Fäden des Schicksals neu. Damit Neues in dein Leben kommen kann, ist es manchmal notwendig, einige alte Maschen in deinem Seelenkleid aufzuknüpfen und neu zu weben. Anders gesagt, ohne ausmisten, klären, reinigen, loslassen und freigeben geht es nicht weiter. Heute ist ein besonders guter Tag, dich mit all dem auseinanderzusetzen, was nicht mehr wünschenswert in deinem Leben ist. Das können Mitmenschen sein, Lebenssituationen, Charakterzüge, Verhaltensweisen, Gedankenmuster, körperliche Symptome und so weiter. Die Liste darf lang werden. Und genau das ist meine Bitte: Schreib dir die von Adriana erwähnte Liste. Nimm dir Zeit für diese „negativen" Dinge, widme ihnen deine volle Aufmerksamkeit. Würdige sie mit Achtsamkeit, Respekt und Liebe, denn sie haben dich geformt und zu dem Menschen gemacht, der du heute bist, und dieser Mensch ist wunderbar. Das steht außer Frage!

Dieser wunderbare Mensch, du, du hast bewusst und vor allem auch unbewusst Lebenssituationen geschaffen und bist später mit ihnen konfrontiert worden. Du hast darauf reagiert und so haben sich mehr und mehr Verstrickungen angesammelt, die nun gelöst werden dürfen. Das Erlösen davon, das sind Momente der Einweihung, geliebte Seele. Momente, in denen du an einem Portal stehst. Ein Portal, durch das hindurchzugehen manchmal bedeutet, bis in die Tiefe geläutert zu werden.

In diesen Momenten wird ein einfaches und wunderbares Werkzeug dein größter Helfer sein. Das Atmen.

Gerne gebe ich dir ein Beispiel:

Halte für einen Moment inne und deinen Atem an.

Erlaube dir dann ein bewusstes, tiefes Einatmen.

Halte den Atem noch einmal kurz.

Und dann atme ganz bewusst wieder aus.

Über diese bewusste Atemführung setzt du Kräfte in dir frei und erlaubst, dass chemische und organische Prozesse in deinem Körper ihr wirken aufnehmen. Diese werden dir dabei helfen, loszulassen und frei zu werden. Die als Quadratatmung bezeichnete Technik eignet sich hierfür ganz wunderbar.

In deinem Körper geschieht in diesem Moment etwas Aufmerksamkeitsförderndes. Dein Körper wird wach und klar, und alles, was du anschließend laut formulierst, wird in dieses Portal gesprochen. Wenn du dann durch dieses Portal schreitest, wird abgeglichen, was du tatsächlich mitbringst und was für dich bestimmt ist. Helfer und Unterstützer aller Ebenen und Zeiten werden ihr Bestes tun, um dich und deine Wahrheit auf die gleiche Ebene zu führen.

Deswegen ist es gut, sich Zeit für die Dinge zu nehmen, die nun ehrenvoll und liebevoll verabschiedet werden dürfen. Schreibe zu diesen Dingen auch hinzu oder sprich aus, dass du dankbar bist für jede Gelegenheit, dies deutlich und bewusst erlebt zu haben. Erkenne das Geschenk, auch wenn dir vielleicht noch nicht ganz bewusst ist, welche Erkenntnisse in dieser Lebenssituation für dich verborgen liegen.

Falls du dich dazu entschieden hast deine Liste in einem Feuerritual zu verbrennen, nimm dir anschließend Zeit, um dich zu bewegen, eine ausgiebige Dusche zu nehmen, einfach zu tun, was sich für dich gut und richtig anfühlt. Sei dabei jedoch stets in aufrichtiger Liebe zu dir und dem was jetzt gerade passiert. Das ist die Energie, die ich dich bitte zu schöpfen.

Und dann kannst du anfangen auszumisten, vielleicht ganz physisch. Dinge, die du ausgeliehen hast, gib sie zurück. Dinge, die du nicht mehr brauchst, sorge dafür, dass jemand anderes, der sie brauchen könnte, sie findet. Kläre und reinige dein Umfeld, deine Wohnung, vielleicht auch deine Arbeitsstelle, gegebenenfalls im Geiste. Denn geistig hast du bereits sehr viel dafür getan, dass die lichte Ebene dich dabei unterstützt, das Irdische zu klären, zu reinigen und aufzuräumen.

Bitte erinnere dich, was in deinem Geist ist, wird zu Materie. Egal wie oft du dein Haus putzt und aufräumst, solange du im Geist nicht bereit bist, den nächsten Schritt zu tun, wird sich alles einfach in einer anderen Form, mit einem anderen Gesicht, einer anderen Geschichte wieder ansammeln. Also kläre regelmäßig und bewusst immer erst einmal geistig. Gib frei, erlöse, sprich Worte des Friedens, der Liebe und der Dankbarkeit. Dann und nur dann wirst du frei.

Ich bin Saint Germain und ich bin mit dir. Ich danke dir.

5.

RAUHNACHT

Heilung in liebender Verbindung

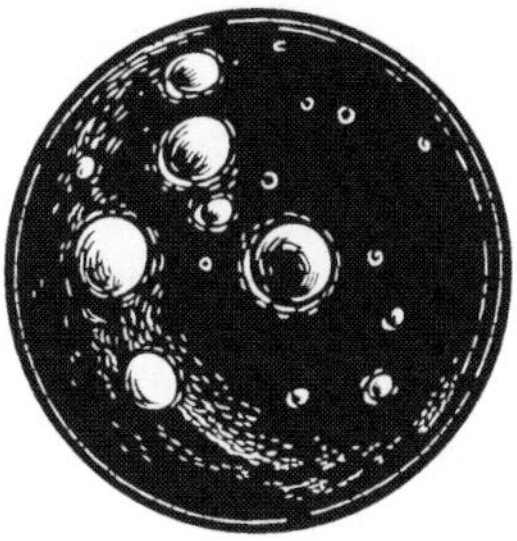

Der fünfte Neumond

Wer war in diesem Jahr für dich da? Eine kraftvolle Frage, die es wert ist, mit offenem Herzen betrachtet zu werden. Vielleicht nimmst du dir heute Zeit, um dich bei Menschen zu bedanken, die dich begleitet, gestützt oder einfach nur gesehen haben. Ein einfaches: „Danke, dass du in meinem Leben bist" kann mehr bewirken, als du ahnst.

Doch heute geht es tiefer. Es ist ein Tag der Innenschau. Welche Beziehungen haben dich genährt und welche erschöpft? Welche dürfen weiterblühen, und welche dürfen sich auflösen?

Wie jeder von uns durfte auch ich in meinem Leben bereits verschiedene Verbindungen lösen. Manche gingen leise zu Ende, andere deutlich lauter und schmerzlich spürbar. Nicht alle Verbindungen waren tiefe Freundschaften, doch sie alle trugen eine verborgene Bedeutung, einen feinen Faden aus unserer Seelenverabredung in sich. Wenn sich ein solches Band löst, entsteht oft zunächst ein Raum. Leer, still, manchmal auch zart schmerzend. Früher wäre ich darüber hinweggegangen, hätte mich abgelenkt. Heute erkenne ich darin eine heilige Einladung. Eine zarte Stimme, die mich zu mir selbst zurückruft. In meine Mitte, dorthin, wo die Heilung beginnt. Ich atme. Ich spüre. Ich schreibe. Ich tanze. Und dann werde ich still.

Ein Brief an dich selbst

Vielleicht spürst du heute, dass etwas gehen darf, eine Verbindung, eine Erwartung, ein alter Schmerz. Ich selbst schreibe in solchen Momenten gerne einen Brief an mich. Besonders zum Neumond oder Vollmond nehme ich mir Zeit, ehrlich mit mir zu sein. Ich schreibe von dem, was ich loslassen möchte, nicht, um es endgültig abzuschneiden, sondern um es in Liebe zu entlassen. Es ist ein leiser, klarer Abschied, der mir Raum schenkt. Raum für mich.

Und manchmal erscheinen mir jene Menschen vor meinem inneren Auge, die wie unsichtbare Wegweiser wirkten. Manche öffneten mein Herz. Andere taten weh, doch auch sie waren Lehrer. Vielleicht kennst du diesen liebevollen, provokativen Begriff: „Arschengel." Wenn du magst, danke heute auch diesen Seelen, denn ohne sie wärst du nicht da, wo du heute bist.

Du darfst die Engel der Heilung und Erlösung einladen. Lass sie lösen, was dich beschwert, und stärken, was dich nährt. Und wenn du heute nur eines tust, dann sei es dies: Schreib dir selbst einen Brief. Sag dir, was du vielleicht viel zu selten hörst: Ich sehe dich. Ich danke dir. Ich liebe dich. Denn du bist die Einzige, die dich dein ganzes Leben lang begleitet. Das allein ist Grund genug, dir selbst die beste Freundin zu sein, ehrlich, klar, liebevoll. Denn es lohnt sich diejenige zu sein, die ehrlich hinschaut. Die zu sein, die auch da ist, wenn es weh tut, und die dich immer wieder daran erinnert, wie wunderbar und großartig dein Herz in Wahrheit ist.

Saint Germain: Verbundenheit

Ich grüße dich, du wunderbare Seele. Ich bin Saint Germain, und es freut mich, mit dir in den fünften dieser heiligen Rhythmen dieser heiligen Nächte einzutauchen. Der fünfte Schritt, um in die Schöpferkraft zu gelangen, ist die Verbundenheit. Es geht um ein tieferes Verständnis für die Verbundenheit hier auf Erden, jenem Ort, den deine Seele in diesem Leben als ihr Zuhause gewählt hat.

Was du erkennen darfst: Du musst diesen Weg nicht allein gehen. Selbst wenn es manchmal so scheint. Tatsächlich ganz besonders dann, wenn es so aussieht, als ob du ganz allein auf weiter Flur stehen würdest, bist du es niemals. Diesbezüglich möchte ich nicht nur auf deine Freunde auf geistiger Ebene hinweisen, sondern auch auf euch als Menschheitsfamilie. Ihr seid weit tiefer miteinander verbunden, als du ahnst.

In deiner Wahrnehmung verläuft die Zeit linear. Sie beginnt mit dem Moment deiner Geburt und somit dem Beginn dieses Lebens. Ebenso gibt es einen Anfang und ein Ende in anderen Geschehnissen, die für dich zeitlich begrenzt erscheinen. Doch diese Zeitlinie ist nur in deiner Wahrnehmung so linear. Du weißt, dass die Zeit eine Illusion ist, denn über sie hinweg bist du lebendig mit deinen

Vorfahren und deinen früheren Leben verbunden. Somit ist das Wissen um die damaligen Lebensumstände nach wie vor hochaktuell.

Das bedeutet, du bist nicht nur mit deinen Ahnen verbunden, zu denen vielleicht sogar eine eigene Inkarnation von dir zählt. Sich in eine Familienlinie des Öfteren zu inkarnieren, ist ein hoch interessantes Studium für eine Seele. Doch darüber hinaus bist du auch mit allen verbunden, die das gleiche Geschlecht haben wie du und es geht weit über diese geschlechtliche Verbindung hinaus. Obwohl sich die Wahrnehmung bezüglich des eigenen Geschlechtes in der Physis heute ebenfalls in großer Transformation befindet, ist es gerade deshalb wichtig, ein Verständnis für das Geschlecht zu entwickeln, in das du in dieses Leben hineingeboren wurdest. Doch darüber will ich zu gegebener Zeit einmal genauer sprechen.

Wichtig ist, die Verbundenheit aller zu erkennen. Sei das in Bezug auf alle, die sich in dasselbe Geschlecht geboren haben, wie auch die Verbindung aller, die sich in ein bestimmtes Sternzeichen inkarniert haben oder an einen Ort wie die Schweiz, Österreich oder Deutschland. Alles steht in Verbindung zueinander und miteinander. Diese Verbindung und die darin mögliche Freundschaft sowie Heilung und Vergebung, auf niedrigster wie auch auf höchster Ebene, sind wichtige Schritte, um in deine pure und reine Schöpferkraft zu gelangen.

Wenn du dir also erlaubst, in die Vorstellung einzutauchen, mit allem verbunden zu sein, verstehst du, dass du niemals und in keiner Lebenssituation ganz allein bist. Diese tiefe Verbundenheit mit der Welt, deinen Mitmenschen, allen Tieren, Pflanzen und allen Spirits, wie ihr sie heute nennt, ist eine unendlich große Chance, freundschaftlich, liebevoll und aufrichtig auf dich selbst und die Welt zuzugehen. Das Erkennen dieser tiefen Verbundenheit wird dich nähren und stärken. Sie wird dir ein Verständnis offenbaren, dass jeder Atemzug von vielen Tausenden getan wird, niemals nur von einem Menschen.

Es ist dir vielleicht nicht bewusst, doch du bist Teil eines uralten, lebendigen Gewebes, getragen von der genetischen Erinnerung dieser Erde und allem, was auf ihr lebt. Die Energie, die dich umgibt, atmet mit dir. Wenn du atmest, atmest du mit dem Kosmos, mit den Pflanzen, den Tieren, den Ahnen. Lass mich dir ein Beispiel geben: Wenn eine Frau sich im heiligen Akt des Gebärens befindet, dann ist sie nicht allein. Ihre Atemzüge öffnen ein Tor, durch das das urweibliche Wissen aller Zeiten strömt und unzählige Frauen, sichtbar oder unsichtbar, atmen mit ihr. Eine stille Schwesternschaft hält sie, jenseits von Raum, jenseits von Zeit.

Diese Verbundenheit zeichnet dich aus, macht dich aber nicht zu dem, was du glaubst zu sein. Die Bilder, die du von dir selbst und der Welt hast, sind völlig in Ordnung, auch wenn sie oft nur einen sehr kleinen Ausschnitt dessen zeigen, was tatsächlich dahintersteckt. Erlaube dir, in diese Verbundenheit tief einzutauchen. Verstehe, dass alles, was du tust, siehst oder sprichst, Spuren im Gewebe des Lebens hinterlässt, es berührt, wandelt und bewegt. Ob es dich selbst betrifft oder andere, es entfaltet seine Wirkung. Wenn du dir erlaubst, eine liebevolle Verbundenheit zu deinem Leben und allem, was darin ist, zu schaffen, dann tust du dir selbst einen großen Dienst. Die Erde ist eine Zwischenstation auf der Reise deiner Seele hin zu dem großen Bewusstsein, das sie schon immer war. Das du bist.

Wenn es dir gelingt, die Verbundenheit zu Freunden, die du in diesem Leben hast oder vielleicht vermisst und dir wünschst, tief in dir zu fühlen und dankbar dafür zu sein, sowohl für diejenigen, die da sind, als auch für diejenigen, die nicht da sind, dann erschaffst du Dankbarkeit in dir.

Egal welche Gedankenwege du dafür einschlagen musst, tu es. Ich bitte dich darum. Denn wenn du diese Verbundenheit einmal geschaffen hast, die grundsätzlich am leichtesten gelingt, wenn ihr euch für eine Weile in die Augen schaut, dann wirst du in der Tiefe an etwas anknüpfen, das Großzügigkeit, Liebe, Hingabe und Aufrichtigkeit in deinem Leben freisetzen wird. Dies ermöglicht es dir, wirklich zu schöpfen. Dann wirst du verstehen, dass du nicht einfach aus dem Nichts kommst, sondern aus dem Alles, und dass es unbeschreiblich wichtig ist, dass alle davon profitieren: Alle und alles, was ist. Dies schließt dich natürlich mit ein.

Verbundenheit auf dieser Ebene zu erlangen, bedeutet, machtvoll, pur und kraftvoll in die Welt des Schaffens einzutauchen. Ich danke dir. Du bist die Freude des Lebens. Und ich bin Saint Germain und ich sage Danke.

6. RAUHNACHT

Die Kraft der Ahninnen und dein inneres Erbe

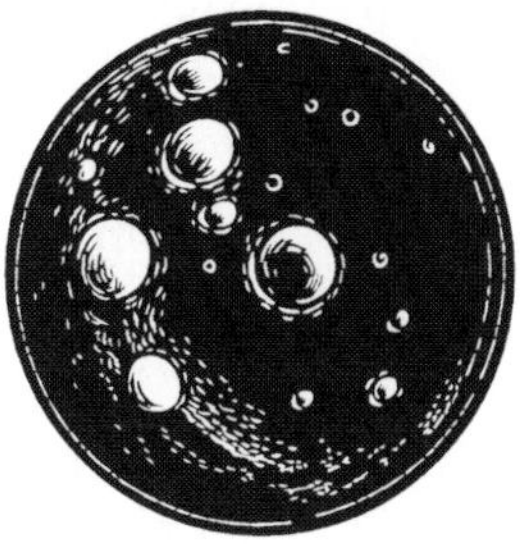

Der sechste Neumond

Heute öffnet sich ein Raum, in dem du Frieden mit deiner Familie schließen darfst. Das bedeutet nicht, dass alle Herausforderungen auf einen Schlag verschwinden, dazu sind selbst die Rauhnächte nicht in der Lage. Obwohl... je friedvoller du dich in der energetischen Verbundenheit mit deiner Familie aufstellst, desto leichter kann sich etwas lösen, das bisher blockiert war. Manchmal öffnet sich dadurch sogar ein uraltes Thema der Ahnenlinie für vollständige Heilung.

In dieser Nacht darfst du auch das vergehende Jahr in deinem Herzen bewegen. Unsere Ahnen sahen in allem etwas Lebendiges, sogar das Jahr hatte für sie sozusagen eine Seele oder ein Bewusstsein. Vielleicht spürst auch du heute: Dieses Jahr hat eine Geschichte mit dir geschrieben. Was darf gehen? Was darf in dir ruhen? Was möchtest du verabschieden?

Ich selbst bin, wie viele Frauen dieser Zeit, dabei, mich aus einem alten weiblichen Rollenbild zu lösen. Ein Bild, das tief in unseren Zellen sitzt und oft mit dem Namen Eva verbunden wird, angepasst, lieb, verlässlich und viel zu oft still. In mir hat sich etwas geöffnet. Es ist eine Entscheidung gefallen. Eine Sehnsucht erwacht, nach etwas Wilderem und Wahrhaftigerem. Ich habe begonnen, mich Lilith zuzuwenden, jener lebendigen, ungezähmten Kraft, die nicht fragt, ob es bequem ist. Sie rüttelt wach. Sie stellt infrage. Sie bringt Bewegung.

Mit dieser Bewegung kommt auch Unruhe und Veränderung. Vor allem in meiner Verbindung zu den Frauen meiner Linie. Denn wenn ich still werde, höre ich sie, leise Stimmen aus der Mütterlinie. Ahninnen, die viel getragen und wenig ausgesprochen haben. Frauen, die sich bemühten, alles mit sich selbst auszumachen. Ich spüre, dass es an mir ist, diesen uralten Knoten zu lösen. Die Last des Schweigens abzulegen. Mich auszusprechen. Für mich einzustehen, nicht gegen andere, sondern in tiefer Verbundenheit mit mir selbst.

Lilith hält mir dabei den Spiegel hin. Sie lebt in mir, wild, ehrlich, manchmal zärtlich, manchmal fordernd. Sie erinnert mich: Du darfst laut sein. Du darfst verrückt sein. Du darfst klar und ganz du selbst sein. Vielleicht spürst auch du diesen inneren Ruf. Manchmal zart wie ein Wispern, manchmal wild und laut wie das Brüllen deiner inneren Löwin. Eine Kraft, die dich daran erinnert, dass etwas Altes gehen will, weil etwas Neues schon vor der Tür steht. Solche inneren Übergänge berühren uns tief. Oft bringen sie Unsicherheit mit sich und verlangen ziemlich viel Mut ab. Auch wenn ich mich dabei schrecklich habe hinterfragen und fürchten müssen, bin ich selbst vielen solchen inneren Impulsen gefolgt. Manchmal dachte ich, ich würde langsam deppert werden, doch in Wahrheit habe ich mich meinem natürlichen Sein hingegeben. Denn da war immer diese innere Weise, die mir zuflüsterte, ganz zart und doch ganz klar: Jetzt ist deine Zeit.

Vielleicht möchtest du heute mit einem inneren Ritual beginnen. Nimm dir Zeit und rufe geistig deine Familienmitglieder. In der ersten Rauhnacht hast du dich deinen Ahnen gewidmet, heute bittest du sie erneut um geistiges Gehör. Lade auch deinen Partner, deine Kinder oder Enkelkinder ein, egal, ob sie noch leben oder bereits verstorben sind. Bitte ihre Seelen und ihre geistigen Unterstützer um einen Moment der Aufmerksamkeit und bedanke dich bei ihnen. Sprich laut aus, was gesagt werden will. Was hättest du gerne einmal gehört? Was möchtest du ihnen mitteilen? Lass es in den Raum fließen, ehrlich, ungefiltert, mit offenem Herzen.

Wenn es etwas zu bereinigen gibt, bitte die Engel darum, eure Verbindung zu klären, Licht hineinzubringen und das Schwere zu transformieren. Vergib, ihnen und dir selbst. Bitte darum, dass du erkennen darfst, wo dein Beitrag zur Heilung liegt, und dass dir die Kraft geschenkt wird, ihn umzusetzen.

Wenn alles gesagt ist, segne sie. Hülle sie in goldenes Licht, danke ihnen für ihr Sein, so wie sie sind. Auf diese Weise stärkst du nicht nur den Bund der Familie, sondern schaffst einen lichtvollen Raum für jede Seele, die je durch diese Linie gegangen ist oder noch kommen wird. Verabschiede sie mit den Worten: Danke, dass ihr da wart. Jetzt sollt ihr wieder dorthin gehen, woher ihr gekommen seid. Mögen Frieden und Liebe mit euch sein. Bleibe danach noch einen Moment in der Stille. Lass die Energie wirken.

Heute ist ein guter Tag, um deinen Ahninnen zu danken und dann deinen eigenen Weg zu gehen. In Liebe. In Würde. In Freiheit. Sei mutig, Schwester. Du bist nicht allein.

Saint Germain: Reflektieren

Ich grüße dich zum sechsten Schritt auf deiner bewusstseinserweiternden Reise durch die Nächte des Friedens, einer Reise, die bereits jetzt sichtbar Veränderungen in dir bewirkt und dein Kraftfeld erweitert hat. Ich bin Saint Germain und lade dich ein, heute das Wort „Reflektieren" als deinen Begleiter mit in den Tag und die Nacht zu nehmen. Doch was bedeutet das im Alltag?

Den geistigen, tieferen Sinn möchte ich dir gerne näherbringen. Lass es mich „liebevoll beobachten" nennen. Beobachte ehrlich, aufrichtig und wertfrei und ziehe daraus deine eigenen Schlüsse.

Warum ist dies oder jenes in deinem Leben? Was bewirkt es in dir? Wo kann es dich in deiner Tiefe, oder vielleicht auch nur oberflächlich, berühren? Was sind deine Resonanzen, die es ermöglichen, dass bestimmte Situationen oder Menschen in deinem Feld sind?

Wenn du eigenverantwortlich und ehrlich hinschaust, wirst du erkennen, was du selbst zu dieser Schöpfung beigetragen hast. Tief in dir wirst du eine Verbindung spüren. Vielleicht ist es ein leiser Gedanke, der in dir aufkommt. Oder ein Gefühl. Eine Art Erinnerung an eine bestimmte Situation. Nimm diese Zeichen wahr und schenke ihnen deine Aufmerksamkeit. Schlicht gesagt: Reflektiere.

Denn so wie du das große Ganze beeinflusst, beeinflusst das große Ganze auch dich. Mit liebenden Augen zu reflektieren bedeutet, die Welt meisterlich zu betrachten. Und dazu, geliebte Seele, bist du längst in der Lage.

Damit der Übergang von einem Jahr ins nächste erfüllend gelingt, ist es wichtig, nicht nur abzuschließen, sondern dies in Frieden und Dankbarkeit für das Gewesene zu tun. Ziehe die Weisheit aus der Vergangenheit, so als würdest du ein Elixier aus einer Situation zaubern. Dieses Elixier öffnet deine Sinne und lässt dich bewusster auf das zugehen, was sich neu in deinem Leben entfalten möchte.

Reflektieren bedeutet zu sinnieren, zu kontemplieren, zu atmen und zu akzeptieren. Es war, wie es war. Es ist, wie es ist. Das kann enttäuscht ausgesprochen werden oder mit einer tiefen Dankbarkeit in der Stimme. Welcher Ton erklingt in dir? Bist du bereit, liebevoll zurückzuschauen, auf das vergehende Jahr, auf dein bisher gelebtes Leben, auf alles, was leise und sanft gegangen ist oder vielleicht laut, ja sogar stürmisch dein Leben verlassen hat? Bist du im Frieden damit?

Ich lade dich ein, so lange zu reflektieren, bis du inneren Frieden findest. Selbst wenn es nur ein kurzer Moment ist, glaub mir, geliebte Seele, das ist der beste Weg, um vom einen ins nächste überzugehen. So bereitest du deinen Übergang vor. So bereitest du deine Einweihung vor. Das bedeutet: Du wählst achtsam das Kleid, das du tragen willst, jenes Kleid, in das du gehüllt sein möchtest, wenn du an der Schwelle zum Neuen stehst.

Was soll sich darin widerspiegeln? Wie soll es schimmern, glänzen, leuchten? Wird es dich einengen und Unwohlsein hervorrufen? Oder schwingt es in Leichtigkeit und lebendiger Freude, als purer Ausdruck deiner selbst? Innehalten, Frieden finden oder festhalten?

Diese Entscheidung liegt bei dir. Doch ich denke, es ist deutlich geworden, worauf ich hinauswill: Bereite deinen Übergang vor.

Sei dir bewusst: Du kannst grundsätzlich jeden Moment deines Lebens zu einem besonderen Übergang machen. Doch da seit Jahrhunderten so viele Menschen diesen Jahreswechsel gemeinsam feiern, ihre Aufmerksamkeit und Hoffnung in ihn legen, ist ein machtvolles Portal entstanden, ein Tor, dass du nutzen kannst. Was ihr gemeinsam erschafft, Rituale, Gebete, Visionen, Glaubensbekenntnisse, hat eine große Kraft. Diese Kraft wirkt auf euch alle zurück.

Vielleicht hilft dir die Vorstellung, dich selbst als die alte, weise Seele zu sehen, die du bist. Schau aus dieser Perspektive auf dein Leben. Mit einem schelmischen Lächeln. Wissend. Weise. Denn als Seele kennst du die Zusammenhänge, die weit über dieses Leben hinausreichen. Du weißt um deine Verbundenheit mit der Menschheit, über Zeit und Raum hinweg. Alles, was du tust und was dir widerfährt, ist eingewoben in das große Geflecht allen Lebens.

Deine Seele kennt den Plan. Sie hat ihn mitgestaltet. Sie hat großartige Hilfe dabei erhalten, das Puzzle deines Lebens zusammenzustellen. Also blicke zurück, auf all die Momente, Umstände und Situationen in diesem Jahr, ja sogar in deinem ganzen bisherigen Leben, die groß, kraftvoll und intensiv waren. Reflektiere und erkenne ihren Wert, ihren Beitrag dazu, dich zu formen und dich auf neue Wege zu senden. Ganz gleich, ob sie dich gestärkt haben oder dich fast zerbrechen ließen, denn eines ist gewiss: Wenn du gefallen bist, dann bist du wie ein Phönix aus der Asche wieder aufgestanden. Und wenn du es noch nicht getan hast, dann wird dies noch geschehen. Denn das ist der Sinn und das Geschenk des Lebens.

Also atme. Schau hin. Reflektiere. Liebe dich und klopfe dir ruhig mal auf die Schulter. Denn ich sage dir, aufrichtig und mit Liebe: Du bist wunderbar.

Ich bin immer da, wo Transformation geschieht, geliebte Seele. Ich bin Saint Germain. Ich trage die violette Flamme, das Zepter der Verwandlung und ich bin an deiner Seite.

Ich ehre dich. Ich sehe dich. Ich liebe dich. Ich danke dir.

7.

RAUHNACHT

Tor in die neue Zeit

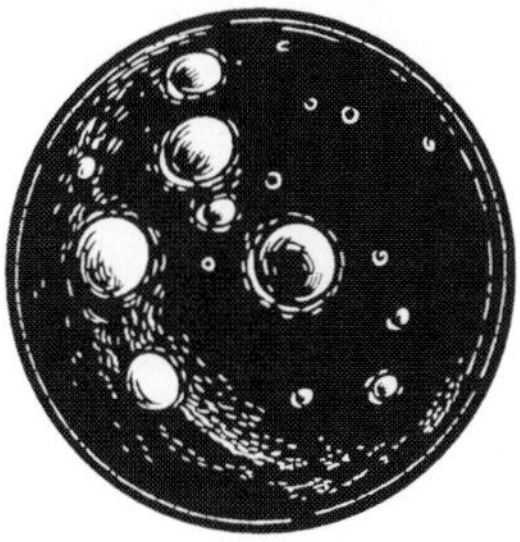

Der siebte Neumond

Nutze diesen Tag zur Reinigung, zur Vorbereitung auf den Übergang, im Außen wie im Innen. Es ist ein idealer Moment, um sowohl deine Wohn- und Arbeitsräume als auch deine Aura geistig zu reinigen und auszuräuchern. Verabschiede das Alte und öffne dich für das Neue, das bereits anklopft. Nimm dir Zeit für deinen wunderbaren Körper, nimm Kontakt zu ihm auf, pflege ihn bewusst, liebevoll und achtsam.

Ich selbst räuchere an diesem Tag gerne meine Wohnung und mein Geschäft. Da mein Wirken online stattfindet, ist es nicht nur ein physischer Ort im klassischen Sinne, den ich reinige. Denn meine Website ist zwar ein virtueller Raum und somit auch ein geistiger. Ich stelle mir vor, wie ich durch die Seiten gehe, segne meine Angebote, räuchere mein virtuelles Geschäft, ja, auch Computer, Tastatur und Maus. All das sind Werkzeuge meiner Seele. Es ist noch gar nicht so lange her, da habe ich bewusst mein gesamtes Business geklärt. Ich übernahm Verantwortung für Blockaden, auch in den Beziehungen zu meinen Mitarbeitenden. Am nächsten Tag sagte eine von ihnen: „Adriana, plötzlich flutscht alles wieder." Ich lächelte, denn das Unsichtbare war in Bewegung gekommen.

Wenn du mit Räucherwerk arbeitest, wisse: Es ist ein kraftvolles Ritual. Es geht um mehr als nur einen angenehmen Duft. Die einzelnen Inhaltsstoffe entfalten ihre eigene Wirkung. Lüfte anschließend gut durch, damit die gelösten Energien sanft hinausströmen können.

Ich selbst bin keine Räucherspezialistin, aber ich glaube fest daran, dass jeder Mensch eine wunderbare Intuition dafür besitzt, was ihm dient. Für mich sind es Salbei und Palo Santo. Handlich, kraftvoll, einfach mitzunehmen. Wenn du etwas tiefer eintauchen möchtest, kann eine magische Mischung aus vier Elementen besonders wirksam sein: ein Kraut, eine Blüte, ein Harz und ein Stück Holz. Vielleicht hast du sogar die Möglichkeit, deine Räucherstoffe selbst zu sammeln oder liebevoll zusammengestellte Mischungen von Schwestern zu nutzen, die dieses alte Wissen in sich tragen.

Nutze zudem Musikinstrumente wie zum Beispiel Trommel, Klangschale, Zimbel und finde den Rhythmus, der aus deinem Inneren kommt. Ob du vor oder nach dem Gebet räucherst, singst oder trommelst, es spielt keine Rolle. Fühle dich frei, in deine Kraft zu kommen und in der richtigen Schwingung zu wirken.

Rufe dein geistiges Team. Bitte Erzengel Michael, vier seiner kraftvollen Säulen in die äußersten Ecken deiner Wohnung und deines Wirkungsbereichs zu stellen. Erzengel Michael ist für mich ein fester Bestandteil jeder Reinigung. Bedanke dich bei ihm, dass er dein Zuhause, dein Unternehmen und deine Aura mit seinem Licht durchflutet.

Und dann, nimm dir Zeit. Lass das Geschehen wirken. Spüre nach. Und flute selbst, mit der Kraft deines Geistes und der Liebe deines Herzens, dein Feld mit Licht. Ob Farben, Bilder oder Worte auftauchen, alles darf sein. Sei schöpferisch. Sei du.

Nach deiner Reinigung sende Segen in die Welt. Wünsche dir selbst und allen Wesen waches Bewusstsein, Klarheit und Liebe. Lass den Engeln Zeit, ihre Arbeit zu vollenden. Und dann geh hinaus. Ein Spaziergang in der Natur ist heute besonders wohltuend. Er bringt deine Energien in Fluss, verbindet dich mit Mutter Erde, mit dem kleinen Volk, mit den sichtbaren und unsichtbaren Wesen, die uns umgeben.

Bring etwas mit, wie eine kleine Gabe von Nüssen, Reiskörner, oder stelle einen kleinen Teller mit Leckereien auf deinen Fenstersims. Danke der Natur, indem du gibst. So wie sie dir tagtäglich so vieles schenkt.

Spa für Körper und Seele

Für mich ist Körperpflege grundsätzlich etwas Sinnliches. Doch an einem Tag wie diesem wird sie zu einem spirituellen Akt. Ich trete in Kontakt mit meinem Körper, danke ihm, reinige ihn mit Achtsamkeit und Respekt.

Hier einige Peeling-Ideen, die dich unterstützen können, wobei du bitte stets auf Verträglichkeit achten solltest:

KAFFEE-PEELING FÜR GESICHT UND DEKOLLETÉ

3 EL Kaffee, 1 EL brauner Zucker, etwas kochendes Wasser und 1–2 TL Oliven- oder Kokosöl miteinander vermengen. Vor dem Auftragen natürlich warten, bis die homogene Masse eine angenehme Temperatur für dich hat. Dies kannst du an der Innenseite deiner Handgelenke gut prüfen.

FUSS- UND BEINPEELING

4 EL Olivenöl, den Saft einer halben Zitrone* und 3 EL grobes Meersalz oder Zucker miteinander vermengen. Trage dies auf deine Füße auf und massiere sie dabei leicht. Anschließend mit warmem Wasser abwaschen.

(*Nach der Anwendung von Zitronensaft nicht in die Sonne gehen)

SANFTES PEELING FÜR DEN KÖRPER

2 EL gemahlene Mandeln oder Mohnkleie, 2 EL Naturjoghurt und 1 TL Honig miteinander vermengen. Am besten in der Dusche in sanften kreisenden Bewegungen auftragen, ein paar Minuten einwirken lassen und abspülen.

FÜR SENSIBLE ODER NORMALE HAUT

2 EL gemahlene Haferflocken, 1 TL Honig und 2 EL Olivenöl gut miteinander vermischen. Am besten in der Dusche in sanften kreisenden Bewegungen auftragen, ein paar Minuten einwirken lassen und abspülen.

Heilende Zeitreisen

Etwas, das mich oft stärkt, ist eine innere Reise. Ich stelle mir vor, mein zukünftiges Ich, die Frau, die bereits durch die Herausforderung gegangen ist, besucht mich im Jetzt. Sie kennt den Weg, sie weiß Bescheid. Ich tue das auch in Therapien oder wenn ich tief in mir reise. Ich erkläre mir selbst, was geschehen wird. Ich tröste mich. Ich wachse.

Ich erinnere mich besonders an einen Übergang, als ein schwieriges Jahr zu Ende ging. Ich wollte es verabschieden und war eigentlich erleichtert. Doch beim Atmen und Hinspüren kam plötzlich eine tiefe Traurigkeit. Es war, als würde ein lieber Freund gehen. Und dann erkannte ich: Dieses Jahr war ein Segen, trotz allem. Ich bin daran gewachsen, über mich hinausgewachsen. Ich konnte die Frau, die ich durch all das geworden war, zum ersten Mal ganz bewusst willkommen heißen.

Saint Germain: Bist du offen für das Neue?

Ich grüße dich geliebte Seele, ich bin Saint Germain und nun ist der Übergang da. Das Neue löst das Alte ab. Kannst du es fühlen? Sei es, wie es sei, die Umstände deines Lebens schöpfen sich neu. Ein neuer Zyklus beginnt. Vertraust du auf das, was du geschaffen hast? Falls nicht, will ich dir gerne dabei helfen, es zu erkennen.

Ich will dir sagen: Du hast wunderbar mitgewirkt. Du hast dein Bestes getan, in jedem Moment, in jeder Situation. Es stehen oft große Vorstellungen im Raum, wenn es darum geht, in das Neue einzutauchen. Da sind Wünsche, Bedürfnisse, Empfindungen, Hoffnungen, kleine Nöte und Ängste. Möge sich das Alte hoffentlich nicht wiederholen, möge es doch endgültig überwunden sein und so vieles mehr.

Ich bitte dich: Lass diese Ebene einfach mal stehen. Und fühle eine Stufe höher, oder auch tiefer, in dich hinein. Was fühlst du da auf dich zukommen? Fühlt es sich gut an? Macht es dir Angst? Lass deinen Verstand seine Kommentare dazu abgeben, aber mach diese nicht zu deiner Wahrheit. Bleib ganz in deiner Empfindung, bei deinem Körper. Das bedeutet: Präsent zu sein, hier und jetzt, im Moment verbunden. Mach dir bewusst: Durch deine Geisteshaltung, durch dein Tun, Sprechen und Denken wurde bereits eine energetische Blaupause deiner Zukunft geschaffen, eine, die mit ziemlich großer Wahrscheinlichkeit in dein Leben treten und sich erfüllen wird. Da diese Wahrscheinlichkeit wie ein rosa Elefant energetisch im Raum steht, kannst du sie vielleicht fühlen. Und was machst du jetzt damit? Wie lässt du dich auf die Zeichen ein, die das Universum dir sendet? Wie erlebst du den Übergang vom Einen ins Andere? Nimmst du dir Zeit, oder rennst du hindurch? Bist du gestresst, weil noch so viel zu tun ist? Oder bist du bereit und offen, neugierig auf das Neue?

Nun, die Zeit wird es zeigen. Manchmal das eine, dann wieder das andere. Alles ist erlaubt. Du bist hier auf Erden, um dir selbst eine unendliche und breit gefächerte Erfahrungsmöglichkeit zu bieten. Gerade weil du viele davon bereits mehrfach erfahren hast, gilt es nun, Neues zu schöpfen und zu erleben. Deshalb: Lass deine Bilder und Vorstellungen, Hoffnungen, Wünsche und Bedürfnisse einmal beiseite und fühle in dich hinein. Das ist eine hohe Kunst des geistigen Reinigens. Was fühlst du? Wo fühlst du? Nicht bewerten, nur wahrnehmen. Wie geht es dir mit dem, was du fühlst? Bist du damit einverstanden, oder lehnst du deine Gefühle und Wahrnehmungen ab? Was brauchst du von dir, um mit dir im Reinen zu sein? Lass dies heute ganz im Zentrum stehen. Wie kannst du heute für dich da sein? Und wisse: Viele sind für dich da, weit mehr, als du dir vorstellen kannst.

Wenn du von dem Einen in das Nächste übergehst, nimmst du dich mit, vollkommen und ganz, mit allem, was du bist. Unabhängig davon, ob du dich annimmst, wie du bist, oder nicht. Ob du dich lieben kannst, oder nicht. Du wirst trotzdem, so oder so, als Ganzes mitkommen. Verstehst du die Essenz meiner Worte? Weglaufen hilft nicht. Du nimmst dich überallhin mit, nicht wahr?

Also lerne, dich zu lieben, wenn du vor diesem Portal stehst und dich bereit machst, das Neue zu empfangen. Lerne es zu schätzen, dich im Übergang zu befinden. Ja, vielleicht sogar, es zu ehren. Und gib dich vertrauensvoll in die Führung deiner höchsten Ebene. Lass dich in dich hineinfallen. Halte dich, in diesem Übergang. Und wisse: Ich stehe mit dir. Immerzu.

Ich bin da. Ich bin Saint Germain. Und ich danke dir.

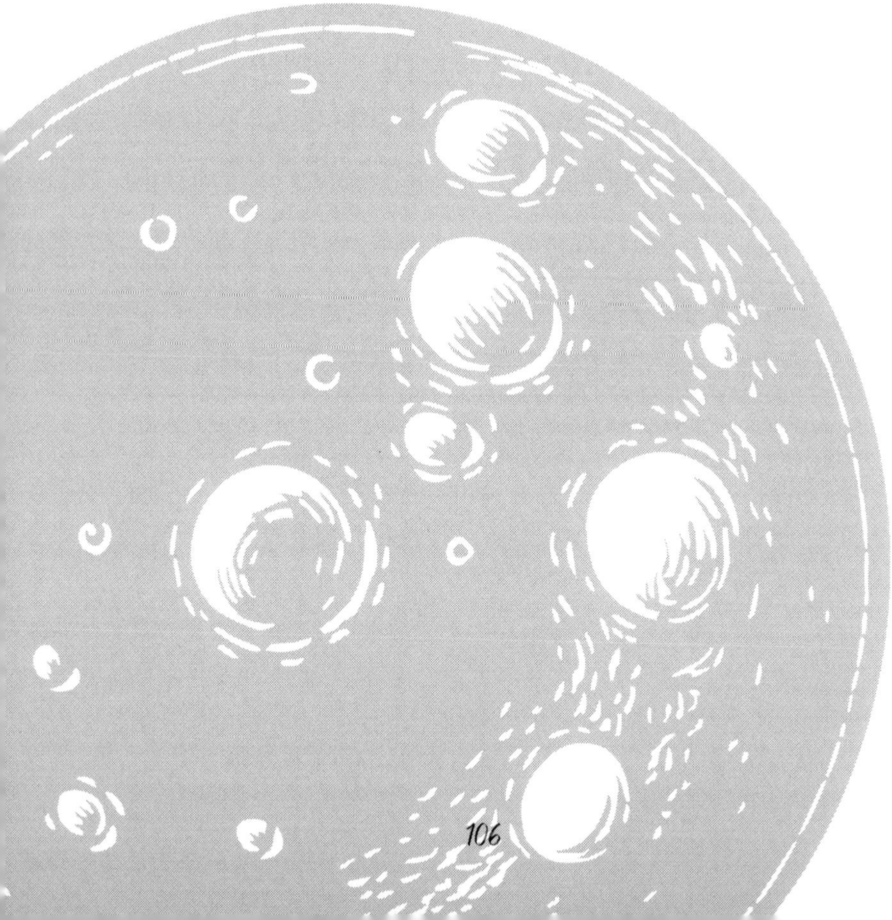

Übergang zur achten Rauhnacht - Zwischen den Jahren

Das mag zunächst verwirrend erscheinen. Doch erinnere dich: Die Rauhnächte folgen keinen festen Datumsgrenzen, sondern bewegen sich in Übergängen, wie das Leben selbst. Die Wintersonnenwende, auf die sich dieses alte Wissen bezieht, verweist auf ein zyklisches Zeitverständnis, das sich an inneren und kosmischen Rhythmen orientiert.

Wenn also die Wintersonnenwende am 21. Dezember stattfindet, beginnt der Rauhnachtszyklus in der Regel am 24. Dezember. Fällt sie jedoch auf den 22. Dezember, verschiebt sich auch der Beginn der Rauhnächte auf den 25. Dezember.

So fällt die achte Rauhnacht manchmal auf den 31. Dezember und manchmal auf den 1. Januar. In unserer linearen Zeitrechnung scheint der 1. Januar der offizielle Neubeginn des Jahres zu sein. Doch im tieferen Sinn markiert die achte Nacht, die symbolisch mit der liegenden Acht, dem Zeichen der Unendlichkeit, verbunden ist, einen inneren Wendepunkt. Ob sie mit dem weltlichen Kalender-Neubeginn zusammenfällt oder nicht, spielt für ihre Kraft keine Rolle.

Alte Rituale wie die Rauhnächte lassen sich nicht in Zeitpläne pressen. Sie folgen der Weisheit der Erde, dem Rhythmus des Kosmos und nicht der Uhr. Lass dich also nicht verunsichern und fühle dich eingeladen wahrzunehmen, was sich in dir wandeln will.

8.

RAUHNACHT

Einladung an das Licht

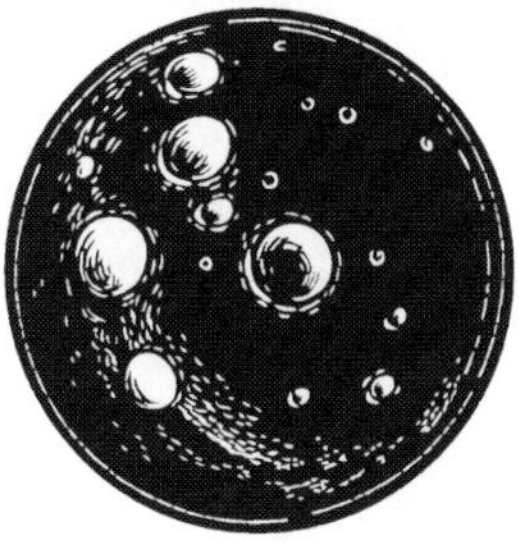

Der achte Neumond

Weißt du, liebe Seelenschwester, so vieles erfüllt sich leise, fast heimlich, wenn wir nicht mehr festhalten, sondern einfach weitergehen. Manche Wünsche brauchen mehr Zeit, als unsere Geduld bereit ist zu geben, doch dann kommen sie, oft schöner, tiefer, wahrer, als wir es je hätten erträumen können. Und wir stehen da, im Staunen, voller stiller Dankbarkeit und wissen: Das war ein Wunder.

Deswegen begrüße den Geist des neuen Jahres. Öffne dich, nicht nur in Gedanken, sondern mit deinem ganzen Wesen. Es ist ein wertvoller Tag, um innezuhalten, dich auszurichten und das Neue willkommen zu heißen.

Dieser Tag lädt dich ein, dem Leben die Hand zu reichen, wie einem alten Freund, der plötzlich in neuer Gestalt vor dir steht. Vielleicht fühlst du eine leise Aufregung, vielleicht auch Unsicherheit. Doch was zählt, ist deine Bereitschaft, offen zu sein, für das, was jetzt zu dir kommen will.

Ich selbst habe kein festes Ritual an diesem Tag, aber ich bin sehr klar damit, mit wem, und auch auf welche Weise ich diesen Übergang feiern möchte. Ebenso klar bin ich mit dem, was ich nicht möchte. Es geht nicht nur um Menschen, sondern auch um Orte und Umstände, die sich für mich nicht stimmig anfühlen. Denn es ist mir wichtig, mich mit Menschen zu umgeben, bei denen mein Herz ruhig wird und meine Seele atmen kann. Auch der Raum, in dem ich das Neue begrüße, ist für mich heilig. Manchmal bedeutet das, Einladungen abzusagen oder gewohnte Abläufe zu hinterfragen, um ganz bei mir bleiben zu können.

Heiße also das neue Jahr willkommen, zum Beispiel mit einem Ritual, das aus deiner Freude und Kreativität entsteht. Vielleicht magst du, wie ich, ein vierblättriges Kleeblatt zeichnen. Die vier Blätter stehen symbolisch für deine Lebenspfeiler: das erste Blatt für Gesundheit, das zweite für dein Familien- und Beziehungsleben, das dritte für deine Arbeit und Projekte, und das vierte für deine Bestimmung. In jedes Blatt schreibst du deine Herzenswünsche für das neue Jahr. Zum Beispiel für das Blatt der Gesundheit: Vitalität, Flexibilität, Freude an Bewegung. Für das Blatt der Familie: Offenheit, Liebe, Geborgenheit. Für das Blatt der Arbeit: Inspiration, Klarheit, Erfolg im Einklang mit dir. Und für das Blatt der Bestimmung: Tiefe, Wirksamkeit, Lichtkraft. Falls du dieses Ritual für dich übernehmen möchtest, achte darauf, in der Haltung des Empfangens zu schreiben. Verfasse deine Worte nicht aus Mangel, sondern aus dem Wissen, dass dies bereits dein gelebter Weg ist. Schreibe im Präsens, als wärst du bereits dort angekommen. In Freude, Dankbarkeit und liebevoller Selbstverbindung.

Ich selbst trage an diesem Tag oft einen Talisman bei mir. Er erinnert mich daran, dass ich nicht allein bin und dass mein Weg behütet ist.

Und wenn dir heute danach ist, teile Segen: Mit dir selbst, mit der Welt, mit deinen Liebsten. Sprich segensreiche Worte laut und klar aus deinem Herzen heraus. Vielleicht ist das der eigentliche Zauber des Neujahrswunsches, den wir einander sagen: Möge Glück dich finden. Möge das neue Jahr dich führen.

Saint Germain: Die achte Nacht

Ich grüße dich, du wunderbare Seele. Ich bin Saint Germain. Und es freut mich, mit dir diesen achten Schritt, diese achte Rauhnacht zu zelebrieren. Heiße das Neue willkommen in deinem Leben, nicht nur in diesem Moment des bewussten Eintauchens, sondern zu jeder Zeit, geliebte Seele. Es bedeutet, eine offene Haltung dem Leben gegenüber einzunehmen, bereit zu sein, in jedem Augenblick das Beste zu empfangen. Nicht aus einer Erwartung heraus, dass es nun endlich kommen möge, sondern in Offenheit, denn das Universum möchte dich beschenken, dich ehren, dich mit Liebe überraschen. Über 360 neue Chancen warten auf dich. Wie möchtest du diesen Reichtum ehren? Wie möchtest du das Neue begrüßen?

Mein Tipp: Begrüße den Geist des neuen Jahres. Oder den Geist deiner neuen Gewohnheiten, oder den Geist der neuen Möglichkeiten. Erinnere dich: Alles beginnt im Geist. Und wenn du diesen geistigen Frequenzen begegnest, wenn du sie dir vorstellst, zum Beispiel als Lichtkugel oder als Wesenheit und sie mit offenem Herzen empfängst, dann wirst du Wunder erleben. Kleine, die sich gut anfühlen, und große, die dich über dich hinauswachsen lassen.

Tauche also mit deinem Geist ein in das Verständnis, dass alles im Leben zuerst geistig geschieht. Deshalb sind Meditation und Kontemplation von so großer Bedeutung für einen erwachenden Geist. Wenn du in diesem Zustand bist, manchmal nennen wir ihn den Theta-Zustand, öffnen sich dir feine Räume: dein geistiges Team, dein höchstes Bewusstsein, deine Seele, deine Engel, deine Schutztiere, sie alle können mit dir in einen energetischen Austausch treten. Verstehe darunter nicht unbedingt ein Gespräch, wie du es mit Freunden führst, sondern eine stille Begegnung von Wissen, Liebe und Freude. Unsere Energien verbinden sich mit deinen und du nimmst Weisheit, Kraft und neue Möglichkeiten daraus mit. Dieser Austausch, der zwischen dir und uns stattfindet, ist für beide Seiten zutiefst bereichernd. Wir danken dir von Herzen dafür.

Wenn du ebenso in einen lebendigen Austausch mit all dem Neuen trittst, mit all den Möglichkeiten, die in dieser besonderen Zeitepoche bereits da sind, dann geschieht etwas Wundervolles. Denn vieles von dem, was jetzt bereitsteht, wurde bereits durch eure Wünsche und Bedürfnisse erschaffen. Seit langer Zeit ist es im Äther verankert, genährt durch eure göttliche Weisheit und all das, was ihr in unzähligen Leben vorbereitet habt. Unterstützt durch Völker außerirdischer Herkunft, durch das Wirken deines geistigen Teams und durch unermesslich viele Lichtwesen.

So vieles Neues steht bereit, dich zu erreichen. Begrüße es mit offenem Herzen, so wie du das neue Jahr mit seinen unzähligen Tagen und Chancen willkommen heißt. Stell dir vor, ein lang ersehnter und geliebter Besuch käme zu dir. Du würdest alles vorbereiten, den Raum schön gestalten und dich freuen. Oder du kannst das Neue ehren, indem du einen kleinen Altar gestaltest, ein Bild malst oder ein Gedicht schreibst. Du kannst tanzen, singen, musizieren, spazieren gehen oder ganz einfach lächeln. Dein kostbares, charmantes Lächeln ist eine machtvolle Einladung an das Leben. So zelebrierst du das Neue, das in dein Leben tritt. So öffnest du die Tore für noch mehr Freude, Fülle und Segen.

Lass mich dich daran erinnern. Der erste Moment der Begegnung mit einer neuen Energie prägt ihre Entfaltung. Er ist wie ein Same, der entscheidet, wie die Pflanze wächst. Wenn du diesen Moment bewusst gestaltest und regelmäßig dafür Zeit findest, am besten morgens, gleich zu Beginn des Tages, dann legst du den fruchtbarsten Boden für ein lebendiges, lichtvolles Leben.

Begrüße das Neue. Heiße es willkommen, mit jeder Zelle deines Seins. Lass den Austausch zwischen dir und dieser Energie aus dem Äther geschehen. Atme. Fühle. Und: Lächle. Wir sind bei dir. Wir begleiten diesen heiligen Akt mit Freude. Denn wenn du bewusst schöpfst, wenn du präsent bist im Moment des Empfangens, dann entsteht ein Wunder: Eine kosmische Geburt. Und du bist dabei.

Ich bin Saint Germain. Und ich liebe dich.

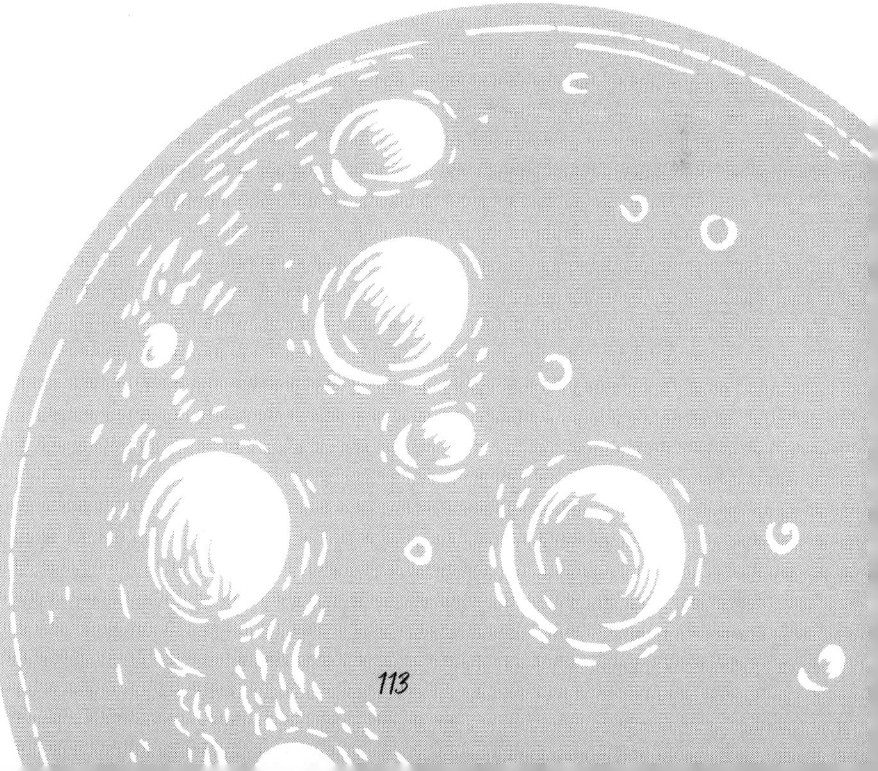

9.

RAUHNACHT

Goldene Mitte und innerer Frieden

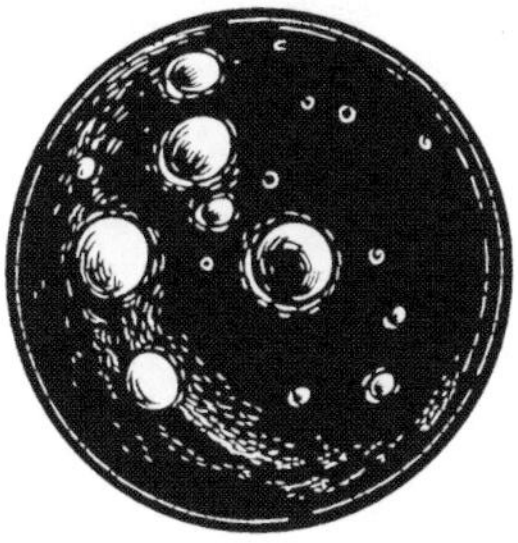

Der neunte Neumond

Heute ist der ideale Tag, um dich mit der Energie von goldenem Licht und den Kräften der Erdenmutter Lady Gaia zu verbinden. Es ist Zeit, still zu werden. Zeit, dich zu zentrieren. Zeit, dich auf deine innere goldene Mitte zu besinnen und das Jahr zu segnen.

Vielleicht kennst du das: Dieses weiche, fast goldene Licht, das manchmal im September die Landschaft umhüllt. Wenn die Sonne am späteren Nachmittag tiefer sinkt, alles in Wärme taucht und selbst das kleinste Blatt leuchtet. In solchen Momenten wird es still. Nicht nur im Außen, sondern auch in deinem Inneren. Für mich ist das wie eine lebendige Umarmung. Eine Erinnerung daran, dass das Leben ein Geschenk ist. Hawaii ist für mich solch ein Ort, eine seelische Heimat, voller Weite, Wärme und Licht. Wenn ich Sehnsucht verspüre oder das Leben mich herausfordert, taucht in mir oft ein Heimweh auf. Doch statt mich darin zu verlieren, versuche ich, bewusst ja zu sagen, zu dem Ort, an dem ich gerade bin, zu dem Moment, der sich jetzt entfaltet. Es ist ein bewusster Schritt, eine Rückkehr aus der inneren Ferne ins Hier und Jetzt. Ein Akt der Hingabe an das Leben, wie es sich zeigt. Das hilft mir, mich neu zu zentrieren. Und mal ehrlich, die Schweizer Berge sind ein so unbeschreiblich machtvoller Ort. Ich bin so dankbar dafür, hier tief verbunden zu sein.

Vielleicht gibt es auch in deinem Leben einen oder mehrere solche Orte. Oder ein Bild. Oder einen Menschen, der dich daran erinnert, dass du getragen bist. Und dass das Leben keine Fehler macht. Du bist nie am falschen Platz, du bist da, wo deine Seele wachsen will.

Während ich dieses Buch schreibe, bin ich selbst in einem tiefen Wandlungsprozess. Immer wieder fordert mich das Leben auf, ganz ja zu sagen, zu mir, zu dem, was ist und zu dem, was war. Die Natur ist dabei meine Lehrerin. Und das Schreiben selbst wird zu einem Ritual. Zu einem Gebet. Zu einem Weg, mich neu zu verankern. Ich spüre recht schnell, wenn ich nicht zentriert bin. Zum Beispiel wenn ich mich anstoße, mir etwas aus der Hand fällt oder ich unachtsam durch den Alltag stolpere. Hingegen, wenn ich zentriert bin, dann fließt mein Atem ruhig, ich fühle ein sanftes Pulsieren in meinem Körper. Ich bin präsent, wach, lebendig.

Zentrierung geschieht nicht durch Denken. Sie geschieht durch Sein. Ein Spaziergang, ein Gebet, ein paar bewusste Atemzüge, ein Moment der Kreativität, oder ein Ritual. Es gibt Momente, in denen Rituale für mich so tief wirken, dass sie mein ganzes Wesen berühren. Sie durchdringen nicht nur den Verstand oder das Herz, sie sinken bis in die Zellen und verbinden mich wieder mit dem, was wahr ist. Sie sind nicht laut oder spektakulär. Aber sie sind echt, klar und wirksam.

Vielleicht magst du heute ein kleines Ritual für dich gestalten. Ganz einfach und doch kraftvoll:

Zünde eine Kerze an und werde still. Betrachte die Flamme und sprich ein Gebet, wie zum Beispiel dieses:

Ich lade hier und jetzt alles Gute in mein Leben ein.

Möge das goldene Licht mein Jahr segnen.

Ihr lieben Engel und Helfer an meiner Seite, ich rufe euch und danke euch für eure Unterstützung.

Steht mir heute und im ganzen kommenden Jahr kraftvoll zur Seite.

Lasst mich und alle, die mir begegnen, in unserer höchsten Frequenz schwingen, damit wir uns in Liebe begegnen und einander unterstützen können.

Ich erkläre mich einverstanden, die Herausforderungen, zu denen das Leben mich einlädt, bereitwillig anzunehmen. Und ich erfreue mich an meinem Wachstum und Erwachen.

Möge das neue Jahr durchtränkt sein von Fülle, Gesundheit, Frieden, Vertrauen und ... (füge hier ein, was du dir für die einzelnen Monate wünschst)

Danke, dass das jetzt so ist. So sei es.

Nach dem Gebet, schließe deine Augen. Atme tief ein. Und dann lasse deinen Atem durch deinen Körper fließen. Wenn du bereit bist, stelle dir vor, wie goldenes Licht in jeden der kommenden Mond Monate des kommenden Jahres strömt. Schau, wie es sich anfühlt. Spürst du Leichtigkeit? Oder zeigt sich bei einem Monat vielleicht eine gewisse Schwere? Dann kehre liebevoll zu diesem Monat zurück. Atme noch einmal hinein. Lass das Licht fließen. Wiederhole das Segnen, bis du ein inneres Fließen spürst.

Wie schon erwähnt, schreibe ich dieses Buch mitten in einem tiefen Wandlungsprozess. Nach zwanzig Jahren als praktizierendes Channel-Medium fühle ich, dass sich etwas mächtig verändert. Gegen Ende 2024 war ich innerlich erschöpft, nicht von meiner Berufung, sondern von den Strukturen, die ich mir selbst erschaffen hatte. Ich musste innehalten. Mir eine Auszeit nehmen und meine Arbeit neu betrachten. Neue Wege finden, wie ich mein Sein mit meiner Berufung verbinde. Und mich dabei nicht verliere. In dieser Zeit wurden mir die Meditationen aus der geistigen Welt ein Anker. Es gibt mittlerweile acht verschiedene Alben zu den Rauhnächten, jede Meditation verbunden mit einem aufgestiegenen Meister oder Erzengel. Sie helfen mir sehr, mich zu erinnern, mich zu zentrieren.

Zentrierung bedeutet: Du bist nicht in der Vergangenheit und nicht in der Zukunft. Du bist da. In dir. In deiner Kraft. In deiner Mitte. Und diese Mitte, deine innere goldene Mitte, ist es, die dich sicher durch das neue Jahr tragen wird. Vertraue ihr. Vertraue dir.

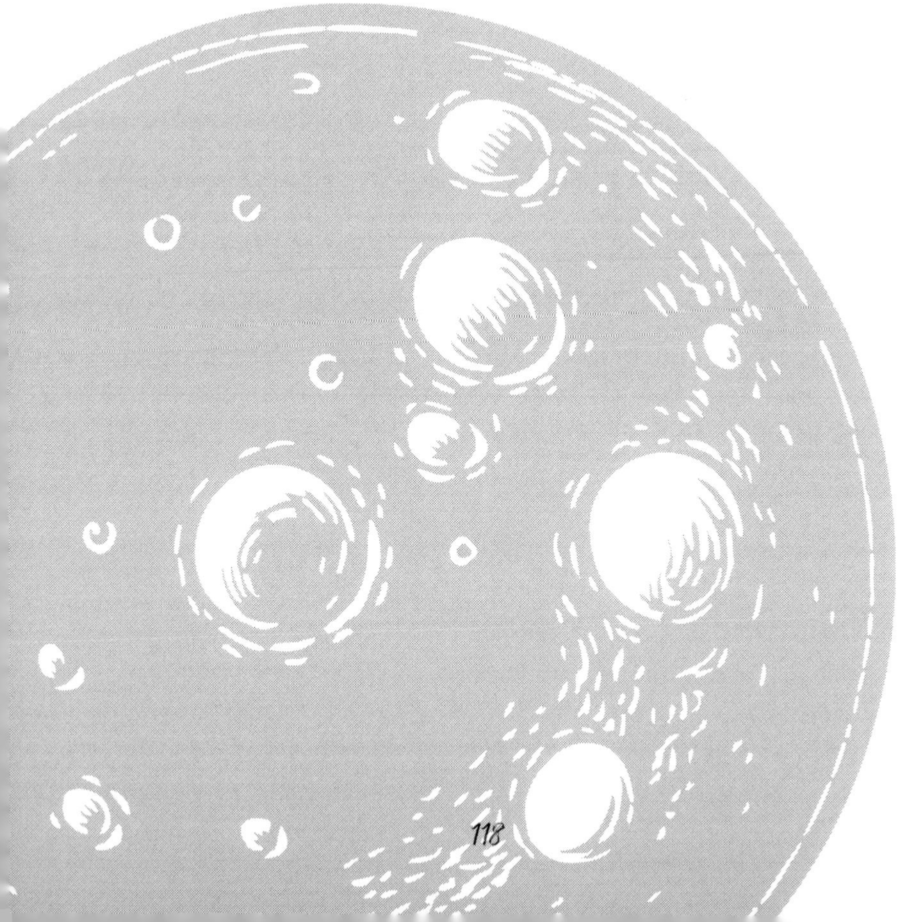

Saint Germain: Die Nabelschnur zur Seele

Ich grüße dich, du wunderbare Seele. Du, die Seele, die du bist, die sich selbst die Erfahrung eines Menschenlebens schenkt, du bist wundervoll und wie könnte es anders sein, du wirst dir deines eigenen Seins immer mehr bewusst. Und ich, ich bin Saint Germain, und ich liebe es, an deiner Seite zu sein.

Heute möchte ich dich an deine goldene innere Mitte erinnern. Es ist der neunte Schritt auf dem Weg des Bewusstwerdens, den wir gemeinsam betrachten. Willkommen am neunten Tag der Rauhnächte.

Die innere goldene Mitte ist deiner inneren Quelle oder deiner höheren Führung ähnlich. Sie ist jedoch stärker mit deinem irdischen Dasein verbunden. Du kannst diese goldene Mitte ungefähr zwischen deinem Solarplexus und deinem Herzchakra spüren oder beide gemeinsam als deine innere goldene Mitte verstehen. Chakren sind überhaupt ein sehr wichtiger Bereich im Leben eines sich entfaltenden Menschen. Studiere sie, lies darüber, höre zu und lerne. Es wird dir helfen, deinen Körper und seine kraftvollen Qualitäten bewusster zu führen.

Wenn du dich mit deiner goldenen Mitte verbindest, öffnest du dich zugleich für das Ernten. Du öffnest dich für das, was neu in dein Leben treten will. Vielleicht breitet es sich sogar schon aus, ohne dass du es ganz wahrgenommen hast. Auch wenn du gerne eine gewisse Routine lebst, man sagt ja, der Mensch sei ein Gewohnheitstier, so suchst du doch im Innersten jeden Tag nach etwas Neuem. Etwas, das dich beglückt und erfreut. Und wenn das fehlt, entsteht leicht das Gefühl von Mangel. Du fühlst dich abgeschnitten, nicht gesund, nicht eingebettet, nicht wirklich lebendig.

Wenn du dich deiner inneren goldenen Mitte zuwendest, wird es dir helfen, die Schönheiten des Lebens deutlicher wahrzunehmen. So wie du gelernt hast, mit dem Neuen in Austausch zu gehen und es willkommen zu heißen, so kannst und sollst du auch dich selbst liebevoll in deine eigenen geistigen und, warum nicht auch, physischen Arme schließen. Dich wiegen, dich schätzen, dich ehren. Denn aus dieser Innigkeit mit dir selbst spinnt sich ein goldener Faden, der sich in das Kleid deiner Seele einwebt. Dieser Faden ist im Grunde auch der Leitfaden deines Lebens. Er entspringt deinem Sein, nicht deinem Tun. Aber dein Tun beeinflusst, ob dieser Faden an deinen Nerven zehrt oder dir einen klaren und unterstützenden Weg zeigt. Wenn dir der Faden der Geduld reißt, ist es Zeit, in deiner inneren Mitte anzukommen. Wenn sich der Weg zeigt, ist es an dir, ihn nun zu beschreiten.

Das Leben ist im Grunde ganz einfach, geliebte Seele. Schau in die Natur. Kaum etwas in ihr ist wirklich kompliziert. Ja, der Kosmos mag hochkomplex sein, aber das Leben selbst ist es nicht. Wenn du spürst, dass dich etwas aus der Mitte bringt, ein Gedanke, ein Gefühl, oder eine Begegnung, dann nutze diese einfache und doch kraftvolle Übung: Atme bewusst ein und aus und stelle dir eine goldene Kugel vor, zentriert zwischen Herz- und Solarplexus Chakra, oder als verbindendes Licht zwischen beiden. Diese goldene Kraft hilft dir, dich zu stabilisieren und in deine innere Führung zurückzukehren. Lass diese Kugel sich ausdehnen, bis sie deinen ganzen Körper umschließt. Spüre, wie sich in ihr ein goldener Faden bildet, der aus deinem Herzen nach außen fließt. Dieser Faden bahnt sich seinen Weg und nimmt gleichzeitig Informationen auf, wie eine Art Nabelschnur, die mit deinem Seelenkleid verbunden ist.

Dieses Seelenkleid ist gewoben von den Göttinnen des Schicksals, den Schwestern, zu denen du gehörst. Unabhängig davon, welches Geschlecht du hier auf Erden trägst und welchen Weg du gewählt hast, in dir leben sowohl ganz weibliche als auch ganz männliche Anteile. Die Schwestern des Schicksals, eine wundervolle Überlieferung, zeigt dir, wie Karma auf Erden funktioniert. Wenn du dein Seelenkleid als Ursache betrachtest und den goldenen Faden als Ausdruck deines wahren Selbst, der sich in dieses Kleid einwebt, dann verstehst du, wie sehr du Ursache und Wirkung beeinflussen kannst.

Was du denkst, was du fühlst, wie du handelst, all das ist Teil deines Weges. Wenn du dir Zeit nimmst, diesen goldenen Faden zu ehren, wirst du erkennen, wie sehr er dein Leben mitgestaltet.

Nimm dir Zeit für dich. Gehe hinaus in die Natur. Spüre, empfange, öffne dich. Ich bin Saint Germain, und ich danke dir.

10. RAUHNACHT

Neuausrichtung und Wandel in Bewegung

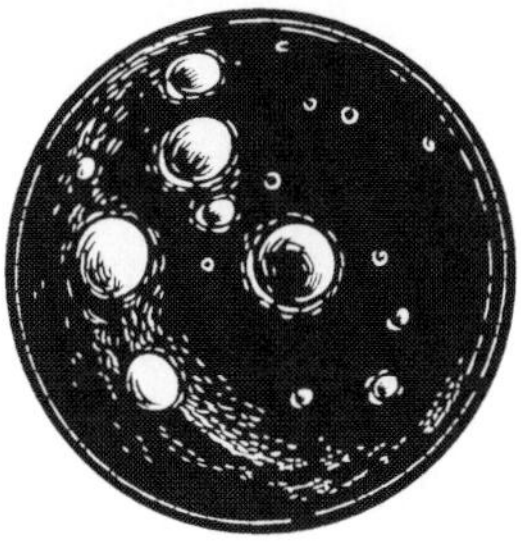

Der zehnte Neumond

Es gibt Tage, da zeigt uns das Leben deutlich, dass es weitergehen will. Heute ist so ein Tag. Ein Tag, an dem Bewegung spürbar wird. Nicht nur im Außen, sondern vor allem im Inneren.

Vielleicht spürst du, dass du etwas verändern möchtest, dass es an der Zeit ist, vorwärtszuschreiten. Dass du loslassen willst, damit Neues entstehen kann. Nimm dir heute einen Moment und frage dich: Was bedeutet Fortschritt für mich? Was heißt Entwicklung in meinem Leben, ganz konkret?

Bewegung hat viele Gesichter. Für mich beginnt sie oft ganz einfach, mit einem Spaziergang. Ich bin ein Bewegungsmensch. Wenn ich mich nicht regelmäßig bewege, am besten täglich und draußen, dann merke ich, wie meine Energie stockt. Gleichzeitig bin ich auch eine der Sorte, die es sich sehr gerne gemütlich macht. Gerade in der kühleren Jahreszeit liebe ich es, mich mit einer Tasse Tee vor den warmen Ofen zu setzen. Und trotzdem weiß ich: Ohne Bewegung verliere ich meinen inneren Rhythmus.

Vielleicht kennst du das auch. Du merkst, dass eine Kurskorrektur nötig ist. Bei mir war es meine Gesundheit, die sich schleichend und doch mit einem Schlag veränderte. Ich kann nicht behaupten, es wäre ohne Vorwarnung gekommen, doch auf einmal war nichts mehr stabil. Es war, als hätte sich mein Leben auf einen Schlag auf den Kopf gestellt. Ich suchte nach Antworten, stellte Fragen. Eigenverantwortlich, wach, bereit, neue Wege zu gehen. Doch genau das schien für das schulmedizinische System ein Problem zu sein. Es reagierte mit Widerstand, weil ich gezielt nachfragte, ob die „üblichen" Vorgehensweisen in meinem Fall wirklich notwendig waren. Nicht weil ich nicht bereit gewesen wäre, diese Schritte zu gehen, nur spürte ich klar: Ich bin eine Nummer mit Symptomen. Kein ganzer Mensch mit einem Leben, mit Umständen, die zu dieser Situation geführt haben. Ich fühlte mich weder gesehen noch ernst genommen. Weder vom System noch von den Menschen, die darin arbeiten. Das hat mich tief erschüttert. Und doch wurde mir zugleich klar: Ich muss zurück zu mir. Zurück zu meinem inneren Wissen. Ich musste etwas verändern. In meinem Denken, in meinem Handeln, in meiner Haltung zu mir selbst.

Ich möchte an dieser Stelle betonen, dass dies meine ganz persönliche Erfahrung widerspiegelt und keineswegs als Kritik an den Menschen gedacht ist, die im schulmedizinischen Bereich arbeiten. Im Gegenteil, ich habe dort auch schon sehr heilsame und achtsame Begegnungen erlebt. Ich weiß, dass viele meiner Geschwister dort wirken und mit großer Hingabe versuchen, den Menschen wirklich zu begegnen. Nicht nur ihren Symptomen, Diagnosen oder Aktennummern. Einige dieser Menschen kenne ich sogar persönlich und weiß, wie sehr sie sich bemühen, das Menschliche im Medizinischen zu bewahren. Was ich hier teile, ist lediglich meine individuelle Erfahrung in einem bestimmten Moment meines Lebens und keine allgemeine Bewertung oder pauschale Kritik.

So fühle ich mich gerade sehr herausgefordert, noch ehrlicher mit mir selbst zu sein. Noch klarer hinzuschauen, ob ich den unausgesprochenen Regeln des Lebens, meiner eigenen Prägung oder gesellschaftlichen Erwartungen folge, oder ob ich aus meinem wahren Inneren heraus handle. Fortschritt heißt für mich heute: Authentisch sein. Mich selbst in allen Phasen annehmen und dabei bereit sein, alte Vorstellungen zu hinterfragen und neue Wege zuzulassen.

Manchmal geht Veränderung nur langsam. Ich würde mich von Natur aus eher zu den Ungeduldigen zählen und gerade deshalb fordert mich das Thema Fortschritt manchmal so heraus. Doch ich habe gelernt, mich selbst in der Geduld zu halten. Und wenn ich eines verinnerlicht habe, dann dieses: Alles kommt zur rechten Zeit. Auch wenn es mir nicht schnell genug geht. Auch wenn ich es anders geplant hatte...

Wenn ich mich frage, was mich wirklich voranbringt, dann sind es meine Werte. Sie sind mein innerer Kompass. Und wenn ich etwas tue, das nicht meinen tiefsten Werten entspricht, spüre ich das sofort. Dann zieht sich etwas in meinem Bauch zusammen. Manchmal kann ich gar nicht sofort benennen, woran es liegt, aber mein Körper spricht eine klare Sprache. Und ich habe gelernt, auf ihn zu hören.

Heute ist ein guter Tag, dich auf deine Zukunft auszurichten. Vielleicht möchtest du eine stille Meditation machen. Setz dich hin, atme tief und bewusst, und schaffe Raum in dir. Raum für die Veränderung, die du dir wünschst. Zünde eine Kerze an und betrachte ihr Licht. Es verändert sich stetig, genau wie du. Lass die Veränderung zu. Nimm sie als deinen natürlichen Zustand an.

Das Leben ist Bewegung. Es ist Entwicklung. Und es schenkt dir jeden Tag eine neue Gelegenheit, über dich hinauszuwachsen. Vielleicht magst du diesen Satz heute ganz bewusst wiederholen: „Auch das geht vorüber." Oder: „Alles kommt zur rechten Zeit."

Beide erinnern dich daran: Du wirst von einem größeren Fluss getragen. Und auch wenn du ihn nicht kontrollieren kannst, darfst du dich ihm anvertrauen. Du bist auf dem Weg. Und du gehst ihn mit jedem Atemzug.

Saint Germain: Fortschritt und Entwicklung

Ich grüße dich, du wunderbare Seele. Ich bin Saint Germain und es ist mir eine ganz besondere Freude, diesen zehnten Schritt mit dir gemeinsam zu beleuchten und die zehnte Rauhnacht willkommen zu heißen.

Fortschritt, Entwicklung, das bedeutet Bewegung. Wir, die geistige Welt lehren stets das Sein. Heute wollen wir dieses Sein im Licht der Bewegung betrachten. Dabei geht es mir weniger darum, dich jetzt zu Aktivität zu drängen, sondern vielmehr, dein Bewusstsein dafür zu öffnen, dass alles, wirklich alles in Bewegung ist. Dass also auch die Unruhe in deinem Leben eine Freundin ist, weil sie Veränderung bringt. Und was sich bewegt, entwickelt sich. Und was sich entwickelt, wird als Fortschritt erkannt.

Du kennst sicherlich auf Erden auch das, was ihr Rückentwicklung nennt. Das ist richtig. Aber es ist eure Sichtweise, auf einen vollkommen natürlichen Zyklus, der dem Ein- und Ausatmen des Kosmos gleicht. Auch in einer sogenannten Rückentwicklung liegt Weisheit. Weisheit, die in einem linearen Vorwärtsgang nicht enthalten ist.

Wenn du also in deinem Leben etwas bewegen möchtest, wenn du dir mehr Bewusstsein schenken willst, Ausdehnung erlaubst und dich so als schöpferisches Wesen anerkennst, dann ist es wesentlich, deinen Geist und deine Physis zu bewegen. Bei der Physis ist das recht simpel: Wenn irgendwie möglich, geh hinaus in die Natur und bewege dich. Es geht dabei nicht um sportliche Höchstleistungen. Schon kleinste Bewegungen, das Wippen deines Oberkörpers, das Kreisen deiner Schultern, oder, wenn möglich, ein Spaziergang, bringen Veränderung in Gang. Gerade jetzt ist eine wunderbare Zeit dafür. So kommst du in Kontakt mit deiner Körperkraft. Denn dein Körper ist dafür geschaffen, bewegt zu werden.

Wenn du dich wieder deinem natürlichen Ursprung hingibst, wirst du spüren, dass Bewegung ein ganz natürliches Bedürfnis ist. Alles andere ist meist Ballast, der irgendwo auf dir liegt. Und das Schöne ist: Dieser Ballast löst sich nach und nach, durch Bewegung. Sorge also, gerade wenn dein Körper Heilung braucht, für regelmäßige Bewegung. Und ebenso wichtig: Bewege auch deinen Geist.

Etwas zu lernen, worüber du bisher nicht viel wusstest, bringt deinen Verstand in Bewegung. Das eröffnet neue Horizonte und aus dieser Weite werden dir neue Informationen zugänglich, die dich im Schöpfertum unterstützen. Wenn du bereit bist, die Verantwortung für dein schöpferisches Wesen wirklich anzunehmen, dann beginne, deinen Geist zu bewegen. Lerne, studiere, folge deiner Neugier. Du kannst auch durch Beobachtung lernen. Schau in die Natur, beobachte ein Tier, eine Pflanze, vielleicht über viele Jahre hinweg. Und beobachte, was sich verändert. Über dieses Sehen wirst du lernen. Und was du da lernst, erfüllt dein Bewusstsein und das des Kosmos. Kosmisches Bewusstsein wird zu dir zurückfließen, es wird dich ergänzen, dich weiten.

Wenn du etwas in deinem Leben verändern möchtest, eine Entwicklung in deinem Denken, in deinen Charakterzügen, in deinem Verhalten, dann erinnere dich: Ihr sagt auf Erden so schön „von nichts kommt nichts." Und auch wenn das nicht ganz exakt ist, hat es einen wahren Kern. Denn äußere Bewegung allein reicht nicht.

Ohne inneres Fortbewegen, ohne deine echte Bereitschaft zur Veränderung, wirst du deine Ziele, Wünsche und Bedürfnisse nicht erreichen. Lerne also umzudenken. Lerne, bewegter und fortschrittlicher zu denken. Wenn du das tust, und dein physisches Sein damit in Einklang bringst, dann wirst du wahrhaft Wunder erleben. Wunder deiner Zeit. Denn die heutige Zeit ist ein Wunder, weil du da bist, weil du es betrachtest, weil du Teil davon bist. Und vielleicht, wenn dein Bewusstsein sich weiter öffnet, wirst du sogar selbst zum Wunder. Und wenn sich das Wunder in dir ausdehnt, dann werden sich Wunder in deinem Leben mehren.

Ich danke dir. Ich bin Saint Germain und ich freue mich auf jeden einzelnen Moment, in dem du studierst, erkennst, lernst und dich weiterbewegst. Welch Freude. Ich danke dir.

11.
RAUHNACHT

Wandlung durch Loslassen

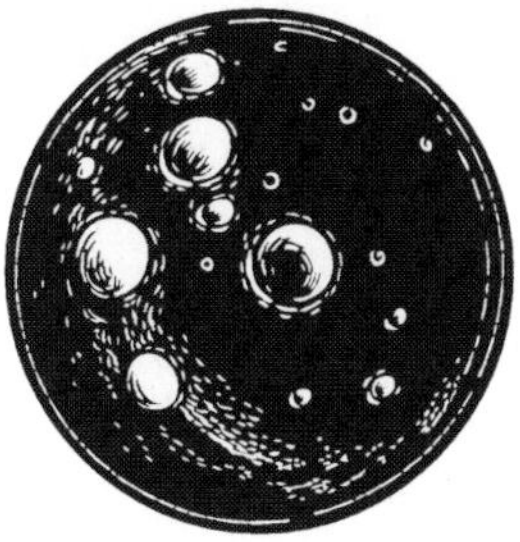

Der elfte Neumond

Heute ist ein Tag, der dich einlädt, dich dem Tod zu nähern. Nicht als etwas Endgültiges, sondern als einem Durchgang, als einer Schwelle, als ein Übergang in eine neue Form. Der Tod will nicht schrecken, er will erinnern. Daran, dass nichts bleibt, wie es ist und dass das Leben uns dadurch seine ganze Tiefe offenbart.

Vielleicht kennst du das auch: Einen Moment, in dem innerlich etwas ganz klar wurde. Wenn eine Beziehung endet und du plötzlich spürst, da gibt es kein Zurück. Oder wenn ein Verhalten, das dir einst gedient hat, seinen Sinn verliert und du in dir selbst diesen leisen, stillen Tod spürst. Etwas stirbt, etwas geht und du weißt: Es wird nie mehr so sein wie zuvor.

Auch ich habe das erlebt. Während manche das belächeln mögen, es war nicht der Tod eines Menschen, der mich am tiefsten erschüttert hat, sondern der meiner Katze. Fast 18 Jahre war sie, also er, täglich an meiner Seite. Sein Gehen war wie ein Riss durch mein Herz und doch hat es mich zugleich mit einer großen Demut erfüllt. Er hat mich gelehrt, wie nah Schmerz und Liebe beieinanderliegen.

Abschied geschieht auf vielen Ebenen. In mir lebt ein tiefes Wissen: Loslassen heißt nicht vergessen. Es heißt, etwas in den Frieden zu begleiten. Und ja, manchmal braucht dies Zeit. Für mich bedeutet Loslassen, dass ich mir selbst erlaube, all die Gefühle zu fühlen, die auftauchen. Trauer, Wut, Verzweiflung, das Verhandeln mit dem Leben. Ich weite mich inmitten dieser Gefühle. Atme und weiß: Das ist nicht die Wahrheit meines Wesens. Es sind Wellen, nicht das Meer.

Oft bringt uns der Tod, ganz gleich ob im Außen oder in einer inneren Phase, an einen Wendepunkt. Auch in meinem Leben war das mehrfach so. Ich bin zutiefst dankbar für all die Partnerschaften, die kamen und gingen. Jede dieser Beziehungen hat mich etwas gelehrt. Über mich, über die Liebe und das Leben. Jede einzelne hat mir geholfen, mich selbst tiefer zu erkennen und so konnte ich in der Liebe ankommen, die ich heute lebe.

Und dann gibt es auch Abschiede, die mit einem großen Ruck geschehen. Ich erinnere mich an eine Phase, da hatte ich erst zwei Jahre als Medium gewirkt. Eine Gemeinschaft, mit der ich bis dahin verbunden war, erklärte plötzlich den Namen eines Engels zur Marke und untersagte mir die Zusammenarbeit mit genau dieser geistigen Präsenz. Das hat mich total schockiert und zutiefst erschüttert. Ich verstand die Welt nicht mehr. Doch in dieser dunklen Stunde geschah etwas Unerwartetes: Die aufgestiegenen Meister traten in mein Leben. Heute weiß ich: Gerade dann, wenn etwas stirbt, wird Neues geboren. Die Verbindung zu den Engeln ist geblieben, doch die Form meines Wirkens hat sich sehr gewandelt.

Seit nun Lilith in mein Leben getreten ist, habe ich verstärkt lernen dürfen, die Dunkelheit zu lieben. Sie ist nicht das Ende. Sie ist eine andere Seite der Schöpfung. Ich habe keine Angst mehr vor ihr. Im Gegenteil. Sie ist mir zur Verbündeten geworden, eine, die mir zeigt, wie kraftvoll auch meine Schattenseiten sind.

Heute ist ein guter Tag, dir bewusst zu machen: Was darf sterben? Was in deinem Leben will in Frieden losgelassen werden? Vielleicht magst du in einer Meditation einen inneren Totenaltar visualisieren. Führe dorthin, was du in Liebe verabschieden willst. Atme. Und segne, was war. Lass es gehen, ohne es zu verurteilen. Wenn du magst, nimm dir Zeit zum Schreiben oder Malen. Lass deine Seele

Ausdruck finden und frage dich: Was habe ich in diesen letzten Jahren verabschieden müssen? Welche Form meines alten Selbst ist nicht mehr stimmig? Was bin ich bereit, in Liebe freizugeben?

Ein Abschied ist nicht das Ende. Es ist ein Raum, der sich öffnet. Und so erinnert uns der Tod daran, dass alles in Bewegung ist. Dass nichts festzuhalten ist und darin eine stille Freiheit liegt. Vielleicht trägst du heute bewusst diese Sätze mit dir: „Ich lasse in Liebe los.", „Auch das geht vorüber.", und „Ich bin bereit, mich zu wandeln."

Vielleicht spürst du heute das Bedürfnis, einen persönlichen Gegenstand symbolisch zu weihen, als Zeichen für deinen inneren Wandel. Das kann etwas ganz Einfaches sein: Ein Stein, den du auf einem Spaziergang gefunden hast, eine Kerze, die dich durch diese Nächte begleitet, ein Schmuckstück oder ein Notizbuch. Wichtig ist nicht der materielle Wert, sondern die Bedeutung, die du ihm gibst.

Halte den Gegenstand in deinen Händen, schließe die Augen und spüre, was er für dich verkörpert. Atme deine Absicht hinein. Du kannst ihn einer bestimmten Qualität widmen, wie Mut, Frieden oder Vertrauen. Oder du lässt ihn dich an einen inneren Entscheid erinnern, den du in dieser Zeit getroffen hast. Sprich ein paar leise, liebevolle Worte dazu, vielleicht: Ich weihe dich als Zeichen meines bewussten Loslassens. Du darfst mich erinnern an den Mut, den ich heute in mir gefunden habe.

Diese Handlung muss nicht groß sein, doch sie wirkt. Denn wenn wir das Unsichtbare sichtbar machen, erschaffen wir Räume für Erinnerung und Verbindung, über den Moment hinaus.

Saint Germain: Die elfte Nacht

Ich grüße dich, du wunderbare Seele. Was für eine Freude berührt mich in dem Moment, in dem du achtsam und aufmerksam bist und mit dir selbst einen Moment verbringst. Denn in solchen Momenten, bin auch ich ganz da und mit dir verbunden. Es freut mich zutiefst, dir zu begegnen. Ganz besonders heute, in der elften Rauhnacht, mit ihrer ganz besonderen Tages- und Nachtqualität. Und mit dem elften Schritt des Schöpfertums, dem des Verabschiedens. Dem Tod als etwas Wunderbares zu begegnen.

In eurer heutigen Kultur und Gesellschaft werden Geburten nach wie vor mit großer Freude gefeiert und das ist wundervoll. Es ist wahrlich ein magischer Moment, wenn eine göttliche Seele in das irdische Dasein eintritt. Doch ebenso lichtvoll, ebenso heilig sind jene Augenblicke, in denen sich ein Mensch vom Diesseits ins Jenseits bewegt. Was hier Abschied ist, ist dort Geburt, eine Wiederankunft in der Welt des Geistigen. Und du darfst wissen: Auch dort wird gefeiert! Im Jenseits weiß man sehr wohl, wie man Feste feiert. Es wird zelebriert, wenn eine weise Seele zurückkehrt.

Doch Abschied nehmt ihr nicht nur von Menschen oder Tieren, sondern auch von Lebensabschnitten, von inneren Haltungen, von Rollen, von Umständen und das täglich. Die großen Abschiede erkennt ihr meist, vielleicht feiert ihr sie sogar. Aber die vielen kleinen Dinge, die täglich in dir sterben, weil Neues den Raum einnimmt, bist du dir ihrer bewusst? Und wie verabschiedest du sie? In Würde und in Liebe?

Das Wichtigste in diesem Zusammenhang ist: Alles ist vorübergehend. Alles, was einen Anfang hat, hat auch ein Ende, besonders in dieser Welt, der materiellen Dichte, in der du mit deinem Bewusstsein wandelst. Du berührst eine Frequenz, die dich in Raum und Zeit bindet. So wie du geboren wurdest, wirst du auch wieder gehen. Und der Sterbeprozess ist ebenso heilig wie der Geburtsprozess.

Und so wie es bei einer Geburt manchmal anspruchsvoll ist, für Mutter und Kind, so kann auch der Moment des Sterbens herausfordernd sein für den Körper und für die Seele. Doch all das mindert nicht im Geringsten die Heiligkeit dieses Übergangs. Es bleibt ein zutiefst heiliger Akt. Wenn es dir gelingt, das Leben in seiner Vergänglichkeit anzunehmen, wirst du dich weniger an Dingen festhalten. Und wenn du dich weniger festhältst, wirst du freier sein. Denn das, woran du dich klammerst, klammert sich auch an dich. Was du besitzt, besitzt in gewisser Weise auch dich. Durch deine Gedanken, durch dein Sicherheitsbedürfnis. Je mehr du erkennst, wie flüchtig das Leben ist, dass nichts bleibt und alles sich wandelt, desto tiefer kannst du seine Essenz würdigen. Du kannst lieben, ohne festzuhalten. Du kannst genießen, ohne zu binden und du kannst freigeben, in Freude. Das wird dich der Tiefe der Liebe näherbringen, der wahren Fürsorge und jener heiligen Lebendigkeit, die dich als Seele durchströmt.

Alles kommt und geht. Und das, was geht, verabschiede mit derselben Liebe und Würdigung wie das, was kommt. Bedanke dich für die Zeit, die du hattest, mit diesem Menschen, mit diesem Tier, mit dieser Situation. Und wisse: Nichts geht je verloren. Niemals. Es verändert nur seine Form. Vom Physischen ins Geistige und von dort aus wieder zurück.

Im Geist aber bist du mit allem verbunden, was je war, was ist und was sein wird. Du erinnerst dich, in dir leben alle Zeiten. Und auch wenn du bewusst nur diesen einen Moment erlebst, so bleibt doch alles, was dich berührt hat, Teil deiner Seelenreise. Nichts verschwindet wirklich. Es wandelt sich. Das Universum kennt keine Lücke. Es kennt keinen Mangel. Es ist Fülle und Überfluss. Erkenne im Abschied die Fülle: an Erinnerungen, an Dankbarkeit, an Liebe. Würdige die gemeinsame Zeit und heiße das Neue willkommen.

Ehre deine Ahnen. Ehre jene Menschen und Tiere, die ein Stück deines Weges mit dir gegangen sind. Bedanke dich bei ihnen. Sei offen für die Weisheit, die sie in dir hinterlassen haben. In deinem Herzen, in deinen Zellen. Denn dein Leben ist eine Reise. Eine Reise durch Zeit, durch Orte, durch Frequenzen, mit vielen Mitreisenden. Nichts davon geht verloren. Alles bleibt, weil ihr euch begegnet seid. Weil die Verbindung da ist, vielleicht schon lange, vielleicht noch lange.

Ehre dein Leben. Ehre alles, was aus deinem Leben gegangen ist. Ehre deine Ahnen. Sie haben dir den Weg bereitet, den du heute gehst, durch das, was sie getan haben, und auch durch das, was sie nicht tun konnten. Ehre jene, die vorangegangen sind und bereits im Jenseits weilen, wissend: Eines Tages wirst auch du folgen. Doch bis dahin liegt es an dir, dein Leben lebendig und freudvoll zu gestalten.

Nichts währt ewig außer du, in deiner wahren Essenz. Denn diese ist frei. Frei von Zeit, frei von Ort.

Und ich bin, ich bin Saint Germain und ich liebe dich.

12.

RAUHNACHT

Vision und Wunderkraft

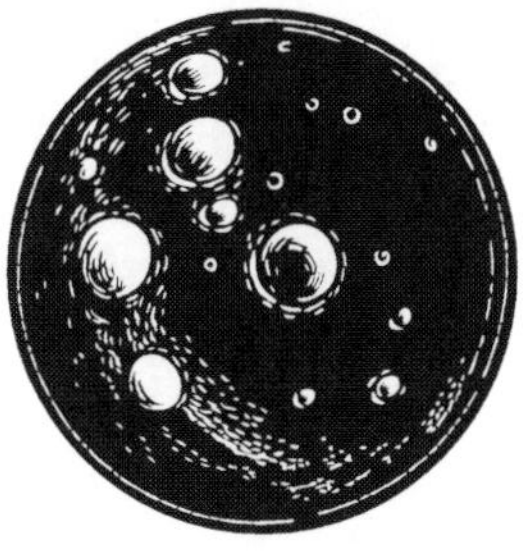

Der zwölfte Neumond

Langsam beginnen sich die Tore zur Anderswelt zu schließen, leise, wie ein Schleier, der sich sanft über das Sichtbare legt. Es ist ein heiliger Moment des Übergangs, eine Schwelle zwischen den Zeiten. Manchmal ist dies die letzte offizielle Rauhnacht, manchmal die vorletzte. Du erinnerst dich, der Rhythmus des Mondes kennt kein starres Maß.

Auch dieser Tag trägt eine besondere Magie in sich. Er lädt dich ein, das Alte in Liebe zu entlassen, deinen Raum zu klären und dich still auf das Kommende vorzubereiten. Vielleicht durch das Räuchern deiner Räume, das bewusste Segnen deiner Wege oder das liebevolle Weihen eines persönlichen Begleiters für das neue Jahr. Was auch immer du wählst, lass es ein achtsames, heiliges Tun sein. Denn heute schwingt die Luft ein wenig anders. Heute antwortet das Unsichtbare leichter auf dein Herz.

Ich persönlich finde, dass sich dieser Tag besonders zum Räuchern eignet. Wähle deine liebsten Kräuter, Harze oder Mischungen und beginne damit, dein Zuhause, deine Arbeitsplätze und vielleicht sogar deine Aufzeichnungen der letzten Nächte zu reinigen. Lass dann frische Luft herein, öffne bewusst die Fenster, um das Alte gehen und das Neue willkommen zu heißen.

Gestern haben wir den Abschied geehrt, heute zelebrieren wir ihn, zum Beispiel durch das Segnen. Dabei sendest du deine Liebe dahin, wo sie gebraucht wird. Vielleicht spürst du heute den Impuls, einen Gegenstand zum Talisman zu machen. Einen Unterstützer zu erschaffen, indem du ihn segnest. Einen Gegenstand, der dich im neuen Jahr begleiten soll, bewusst geweiht, mit deiner Absicht erfüllt. Etwas Einfaches, das dich täglich daran erinnert, wer du bist und wohin du gehst. Vielleicht ist es ein Stift, ein Stein, ein Tuch oder ein Schmuckstück. Halte ihn in deinen Händen, verbinde dich mit einer klaren Absicht und lasse deinen Atem ihn mit deiner Kraft füllen. Deine Gegenstände werden so zu Erinnerern deiner Wahrheit.

Dein Wort ist Befehl. Vielleicht magst du folgendes laut aussprechen: Ich segne mich selbst. Ich segne meine Räume, meine inneren, wie die im Außen. Ich segne die Menschen, die mich begleitet haben und diejenigen, die noch in mein Leben treten werden. Ich segne das, was war, und das, was kommt. Ich segne meine Entscheidungen und meine offenen Fragen. Ich segne das Leben.

Und dann: Schau zurück. Welche Träume, Zeichen oder Gedanken sind dir in diesen Nächten begegnet? Was hat dich erfreut, was berührt? Was möchtest du noch einmal in Ruhe durchfühlen? Nimm dir Zeit, zu notieren, was in dir nachklingt. Wenn etwas schwer ist, atme tief und halte es sanft in deinem Herzen. Zum Abschluss zünde eine Kerze an. Sitze still. Spüre. Du hast eine besondere Reise gemacht. Alles, was du empfangen, erinnert und entfaltet hast, lebt nun in dir weiter. Du darfst es mitnehmen, in dein neues Jahr. In dein bewusstes Sein.

Du bist bereit. Und du wirst geführt.

Saint Germain: Erkenne dich selbst

Ich grüße dich, du wunderbare Seele. Was für eine Freude, dir zum zwölften Mal auf der Ebene deines höchsten und ganz menschlichen Bewusstseins zu begegnen. Willkommen in der zwölften Rauhnacht. Ich bin Saint Germain und ich heiße dich willkommen im Moment des Wunders.

Du bist das Wunder. Du hast dich mit so unzählig vielen Schritten auseinandergesetzt, hast dir Zeit für dich genommen. Glaube mir: Du hast ganz neue Aspekte in dein Seelenkleid gewoben. Der goldene Faden der Zukunft und der silberne Faden der Vergangenheit haben sich eingeflochten in dein Wesen, und es strahlt von purer Lebendigkeit, Weisheit und Liebe.

Das Wunder des Lebens begegnet dir jeden Tag. Erfreue dich daran. Am leichtesten gelingt das, wenn du nicht bewertest. Auch wenn deine Wünsche und Bedürfnisse im kommenden Jahr mit großen Schritten auf dich zukommen, erinnere dich: Sie wurden bereits gesät, willkommen geheißen in ihrer schöpferischen Kraft und zugleich ist das Alte zu nährendem Humus geworden, aus dem das Neue wachsen darf.

Das Wichtigste jedoch ist, du bist das Wunder! Du machst die Dinge lebendig durch dein Sehen, durch dein Wahrnehmen, durch dein Erkennen. Situationen, Begegnungen, Dinge, sie existieren in deinem Feld nur, wenn du sie auch wirklich bemerkst. Was du ignorierst, wird dennoch Teil deines Lebensfeldes, deines Bewusstseins. Denn bewusstes Wegsehen ist keine Lösung. Energie folgt der Aufmerksamkeit. Alles, was du verdrängst, wächst im Verborgenen weiter. Gerade das, was du ablehnst, stärkst du unbewusst. Darum schau hin, aufmerksam, bewusst und liebevoll. Dort, wo du deinen Fokus hinrichtest, dorthin fließt Leben. Ob Lebenssituationen, Mitmenschen oder Gegenstände: Alles wird durch dein Sehen, dein Erkennen, dein Berühren lebendig. Du bist mit deiner geistigen Kraft die Energie, die etwas, das nur energetisch existiert, durch dein Wahrnehmen ins Leben ruft. Deshalb: Du bist das Wunder.

Der zwölfte Schritt ist das Erkennen des: Ich bin. Diese beiden Worte tragen unendlich viel in sich. Sie bergen die ganze Beschreibung des Universums. Und je mehr du dich dem Leben und der Freude hingibst, desto tiefer verstehst du das Wunder, das sich in diesen Worten ausdrückt und das dir im Spiegel entgegenschaut, wenn du dir selbst in deine göttlichen Augen blickst.

Der heutige Tag streift das Gewand des Vergangenen ab. Wie ein stiller Ruf zur Bereinigung, Abschluss und würdevollem Rückblick. Vielleicht braucht es noch Klärung mit Menschen oder Situationen der vergangenen zwölf Tage und Nächte? Begegne ihnen, im direkten Kontakt oder durch die stille Kraft deiner inneren Ausrichtung. Bitte um Klarheit. Wisse: Wir sind viele. Die geistige Welt, wir, die dich kennen, dich lieben und dich begleiten. Gemeinsam mit dir wirken wir für das Höchste, das jetzt geschehen darf. In dir und durch dich, für das große Ganze. Du hast Samen gelegt. Du hast geführt, gelenkt, berührt, mit deinem Bewusstsein. Nun kann es wachsen.

Bereinige, kläre und sei offen. Offen für das Wunder. Wir sind mit dir. Und das ist wahrlich eine Freude. Denn in unseren Augen bist du das Wunder. Du bist dieses göttliche Kind, geboren, um die Welt zu erhellen. Du bist Teil dieser großen Geschichte, die die Menschheit schreibt. Und die Menschheitsgeschichte steht an einem mächtigen Wendepunkt. Durch die zwölf Schritte deines Bewusstwerdens, deines Erkennens und des daraus entstandenen Schöpfertums hast du kraftvoll dazu beigetragen.

Ich neige mein Haupt, ich ziehe meinen Hut, denn du bist wunderbar. Empfange den Segen. Sei offen für dein Leben.

Ich bin Saint Germain und ich stehe an deiner Seite. Ich ehre dich. Ich liebe dich. Ich danke dir.

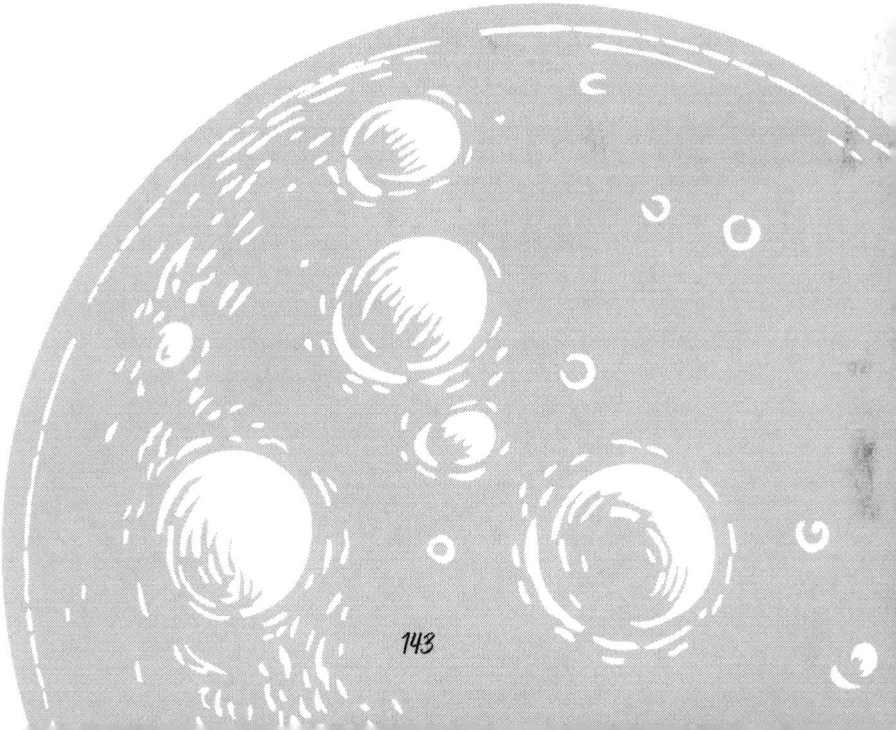

13.
RAUHNACHT

Der Segen des Neubeginns

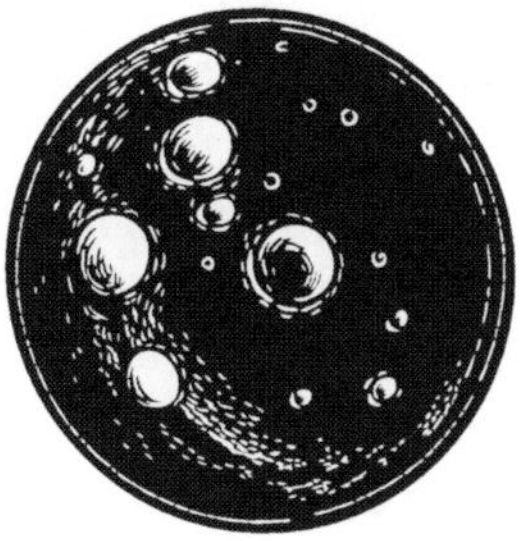

Der dreizehnte Neumond

Heute Nacht, wenn die 12 magischen Nächte außerhalb der Zeit hinter dir liegen, öffnet sich ein stilles, unsichtbares Tor. Die Schleier zur Anderswelt schließen sich langsam, doch etwas bleibt: Ein leuchtender Nachklang, ein Segen, der in deinen Alltag fließen will.

Diese dreizehnte Rauhnacht, nicht immer gefeiert, doch von vielen tief empfunden, ist für mich persönlich ein ganz besonderer Moment. Sie ist wie das Ausatmen nach einer heiligen Reise. Die Tore schließen sich, ja – und gleichzeitig öffnet sich das Leben neu. In seiner ganzen Tiefe. In seiner Alltäglichkeit. In seiner Magie.

Seit ich mit den Rauhnächten lebe, hat sich mein eigener Zyklus verwandelt. Ich bin mir meiner weiblichen Rhythmen bewusster geworden. Ich habe gelernt, mich nicht länger für Rückzug oder Erschöpfung zu verurteilen. Ganz im Gegenteil: Ich heiße die Phasen der Stille, der Leere, des Nicht-Leistens heute willkommen. Denn ich weiß, dass gerade dort die Weisheit wohnt. In der Dunkelheit. In der Pause. In der Leere vor dem Neubeginn.

Diese letzte Rauhnacht ist für mich auch eine Einladung, mein Leben zu segnen. Meine Routinen. Meine Nahrung. Meine Werkzeuge. Ich segne regelmäßig die Dinge, mit denen ich arbeite. Meinen Computer, meine Maus, meine Mikrofone, die Kabel, die Festplatten. Es mag profan klingen, doch es ist für mich zutiefst spirituell.

Denn diese Dinge tragen meine Arbeit in die Welt. Sie sind Teil meines Wirkens. Und sie dürfen mit Licht durchdrungen sein.

Auch das Essen hat für mich einen neuen Stellenwert bekommen. Es geht mir nicht mehr nur darum, satt zu werden. Ich versuche, jede Mahlzeit als ein Innehalten zu begreifen. Eine Rückverbindung. Ich segne mein Essen. Ich danke ihm. Ich mache mir bewusst: Dieser Moment ist heilig. Und noch schöner ist es, wenn ich solche Momente mit anderen teilen darf. Lachen, Stille, Gespräch, Nahrung.

Vielleicht ist das einer der größten Geschenke der Rauhnächte: Dass sie uns lehren, die Magie nicht nur in Ritualen oder Meditationen zu suchen, sondern mitten im Leben. Im Kochen. Im Atmen. Im Fragen. Im Vergeben. Im Lieben.

Wenn du magst, nimm dir heute einen Moment, um deine ganz persönlichen Kräfte willkommen zu heißen. Vielleicht ist es eine Farbe, ein Symbol, ein Edelstein, ein Engel, der dich in diesen Nächten begleitet hat. Lade ihn bewusst ein, dich durch das neue Jahr zu führen.

Und dann lass dich fallen in deinen Alltag. In deinen ganz eigenen Zauber. Nimm mit, was dir dient. Lass los, was gehen darf. Und erinnere dich: Auch morgen, wenn der erste „normale Tag" beginnt, bist du nicht allein. Die geistige Welt geht mit dir. Und du bist gesegnet, in jedem Atemzug.

Genieße es und genieße dich selbst. Das Leben liebt dich!

Einstieg zu den Ritualen

In den folgenden Seiten findest du Rituale, die dich durch die Nächte des Friedens begleiten können und weit darüber hinaus. Sie wurden mit der Absicht verfasst, dir nicht nur an bestimmten Tagen, sondern in jeder Übergangsphase deines Lebens zur Seite zu stehen. Ob Neumond, Wendepunkt oder ein Moment des Innehaltens, jedes dieser Rituale ist eine Einladung, dich bewusst mit dir selbst, der geistigen Welt und den Zyklen des Lebens zu verbinden.

Erlaube dir, intuitiv zu wählen, was dich gerade ruft. Es braucht keine Perfektion, sondern nur und vor allem, deine bewusste Präsenz.

Räuchern – Reinigung mit Rauch und der Kraft des Pflanzengeistes

Einstimmung

Räuchern ist eine uralte, wirkungsvolle Methode zur energetischen Reinigung und zur Öffnung deines Raumes für das Licht. Dabei geht es nicht unbedingt um die perfekte Mischung, sondern um deine Präsenz und deine Absicht.

Wenn du magst, sprich folgende Worte laut aus oder schreibe dir deine eigene Einstimmung:

Ich rufe meine Kraft zu mir zurück, aus allen Zeiten, aus allen Räumen, aus allen Dimensionen. Von jedem Ort, aus jeder Verbindung, von jeder Entität. Nichts und niemand hat das Recht, über mich, mein Licht oder meine Kraft zu verfügen. Erzengel Michael ich rufe dich, durchlichte dieses Feld mit deiner klärenden Kraft. Lass sichtbar werden, was verborgen war, und führe alles, was mir nicht länger dient, in die Transformation. Ich öffne mich für die Weisheit der Natur. Ich lasse Altes ziehen, atme mich frei und lade Fülle, Gesundheit und inneren Reichtum ein. Möge der Rauch alles klären, was nicht länger zu mir gehört, auf dass ich jetzt in meine ganze Kraft zurückkehre.

Eine Anleitung

WAS DU BENÖTIGST:

- Eine feuerfeste Schale mit etwas Sand
- Räucherkohle oder ein glühendes Stück aus deinem Feuer
- Eine Zange, um die Kohle zu halten
- Räucherwerk wie Kräuter, Blüten, Harze oder Hölzer nach deinem Gespür – zum Beispiel Salbei, Palo Santo, Lavendel, Myrrhe oder Tannenharz

SO FUNKTIONIERT ES:

Lege die Kohle in die mit Sand gefüllte Schale. Sobald sie durchgeglüht ist, gib etwas Räucherwerk darauf. Mit einer Feder oder deinem Atem verteilst du den Rauch achtsam im Raum, in jede Ecke, über jeden Winkel. Spüre, wie sich die Energie verändert. Wenn du magst, kannst du dir dabei vorstellen, dass der Rauch alles Alte mitnimmt. Du darfst dich auch laut bedanken: „Danke, dass sich jetzt alles transformiert, was mir nicht mehr dienlich ist."

Nach dem Räuchern kannst du etwas gesegnetes Wasser in der Luft versprühen, um zu klären und zu harmonisieren und öffne die Fenster weit, damit der Rauch frei ziehen kann. Schließe nach einer Weile die Fenster wieder und sprich ein paar liebevolle Worte in den Raum hinein. Ganz intuitiv oder folgendermaßen: Ich segne diesen Ort mit Licht und Liebe. Möge hier Frieden, Freude und Lebenskraft wohnen. Danke, dass ich mich hier nun ganz entfalten kann und mich wohl und angekommen fühle.

Verlasse den Raum für einen Moment, wenn du kannst, oder geh gleich hinaus in die Natur, um dich selbst wieder aufzutanken.

Das Ritual der dreizehn Wünsche

Hand aufs Herz: Dieses Ritual hat ein Imageproblem. Für die einen ist es heilig, für die anderen eine esoterische Bastelstunde mit Zettel, Feuer und dem Universum als Wunschbriefkasten. Dabei steckt dahinter weit mehr als nur ein hübscher Brauch zum Jahresende. Denn sich dreizehn Herzenswünsche zu notieren, ist kein Kindergeburtstag, sondern ein zutiefst ehrlicher Akt der Selbstbegegnung. Kein „Mal schauen, ob das Universum mir einen Parkplatz schenkt", sondern ein kraftvolles Bekenntnis: Das will ich. Dafür gehe ich los. Und ich bin bereit, es loszulassen.

Also ja, man darf dabei lachen, träumen, übertreiben. Aber unterschätze nicht die Magie, die darin liegt, wenn du dir selbst erlaubst, deine Sehnsucht schwarz auf weiß aufs Papier zu bringen. Das hat mehr Kraft als jede Neujahrsansprache. Versprochen.

Man sagt also: Wer sich zu Beginn der Rauhnächte dreizehn Herzenswünsche notiert und sie ungelesen dem heiligen Feuer übergibt, öffnet sich für ein segensreiches neues Jahr.

Eine kurze Erklärung

- Notiere dreizehn Herzenswünsche, am besten am 21. Dezember zur Wintersonnenwende.
- Schreib jeden Wunsch auf einen kleinen Zettel und falte ihn, ohne ihn zu beschriften.
- Lege alle Zettel in ein schönes Gefäß.
- In jeder der folgenden Nächte verbrennst du einen der Zettel. Ungelesen!
- Den letzten Wunsch erfüllst du dir selbst, ganz bewusst.

Eine Anleitung mit Augenzwinkern

Nimm dir wirklich ganz bewusst Zeit. Setz dich mit einer Tasse Tee, deinem Lieblingsduft in der Luft und einem Stift in der Hand hin und schreibe dreizehn Wünsche auf. Keine falsche Bescheidenheit. Du darfst groß träumen. Egal ob du dir einen ruhigen Geist, ein vitales Herz oder eine neue Espressomaschine wünschst, alles ist erlaubt. Die geistige Welt ist kreativ und hat sehr viel Humor. Also darfst du das auch.

Ein Beispiel? Ich freue mich über mein kraftvolles Immunsystem und meine hervorragend gute Laune. Oder: Ich genieße die Leichtigkeit meines Lebens, während ich im violetten Ferrari vollkommen entspannt, durch blühende Landschaften gleite. Oder: Ich fühle mich sicher, frei und reich beschenkt durch das Leben. Ich lache oft und herzlich, besonders mit mir und über mich selbst, sowie das göttliche Timing des Lebens.

Wichtig: Formuliere deine Wünsche positiv und so, als wären sie bereits Wirklichkeit. Nicht: Ich bin endlich nicht mehr arm. Sondern: Ich erlebe Fülle auf allen Ebenen meines Lebens.

Wenn du alle Wünsche notiert hast, falte die Zettel, lege sie in dein Ritualgefäß und stelle es an einen besonderen Ort. In jeder Rauhnacht ziehst du einen Zettel, ohne ihn zu lesen und verbrennst ihn achtsam in einer feuerfesten Schale. Gib dem Feuer dabei deine volle Aufmerksamkeit. Vielleicht magst du dem Rauch danken, dass er deinen Wunsch dem Universum übergibt.

Falls du eine Nacht verpasst: Kein Problem, dann verbrenne zwei Zettel am nächsten Tag. Wichtig ist nicht die Perfektion, sondern die Hingabe. Am Ende bleibt ein letzter Wunsch übrig. Er gehört dir. Diesen Wunsch wirst du dir selbst erfüllen. Irgendwann in diesem Jahr. Oder jetzt gleich. Wer weiß.

Vielleicht liegt die wahre Kraft dieses Rituals nicht darin, dass sich jeder Wunsch erfüllt, sondern darin, dass du bereit bist, ihn zu fühlen, ihn zu formulieren, ihn loszulassen. Mit Eigenverantwortung benennst du, was du dir wünschst. Mit Demut übergibst du es dem Feuer, dem Leben, dem großen Ganzen. Denn nicht alles liegt in unserer Hand, aber alles beginnt in deinem Herzen.

Vertraue darauf: Was wirklich zu dir gehört, wird den Weg finden. Im richtigen Moment, auf die richtige Weise.

Feuerritual – Ein Ritual der Wandlung

Ein heiliger Akt der Transformation

Das Feuer ist uralt. Es kennt keine Lüge. Es nimmt, was nicht mehr zu dir gehört, und schenkt dir Klarheit, Wandlung und Raum für das Neue. Dieses Ritual kannst du zu besonderen Anlässen, Übergängen, zu Neumond oder Vollmond vollziehen, oder immer dann, wenn du spürst, dass etwas gehen will. Das Feuer ist bereit, wenn du es bist.

Einstimmung:

Nähere dich achtsam und in liebevoller Absicht, denn das Feuer ist Hüter, Zeuge und Heiler zugleich. Zünde deine Kerze an. Werde still und atme bewusst und tief. Schau in die Flamme und nimm Kontakt auf mit deinem Innersten.

Sprich innerlich oder laut: Ich erkenne an, was war. Ich bin bereit, freizugeben und loszulassen. Möge das Feuer all das aufnehmen, was mich nicht mehr nährt, und es verwandeln in Licht, Erkenntnis und Freiheit.

Eine Anleitung

DU BENÖTIGST:

- Eine Kerze und Streichhölzer
- Stift und Papier
- Eine feuerfeste Schale
- Etwas Räucherwerk als Gabe
- Einen Moment der Stille

SCHREIBE EINEN BRIEF:

Nimm dir ein Blatt Papier. Schreibe frei und ungefiltert. Lass alles fließen, was gesagt, gefühlt oder endlich losgelassen werden will. Ob Schmerz, Ärger, Enttäuschung, Abschied oder Trauer, alles darf hier Platz haben. Du kannst deinen Brief an eine Person, an dich selbst, an deine Vergangenheit oder an das Leben richten. Wichtig ist nur eines: Sei ehrlich. Sei ganz bei dir und finde zum Schluss liebevolle Worte. Beende den Brief zum Beispiel mit: „Ich danke dir für alles, was ich durch dich lernen durfte. Ich lasse dich in Frieden ziehen." Oder: „Ich vergebe, ich danke, ich gehe weiter."

ÜBERGABE AN DAS FEUER:

Halte deinen Brief einen Moment an dein Herz. Atme tief. Dann entzünde ihn an deiner Kerze und lege ihn in die feuerfeste Schale. Gib etwas Räucherwerk dazu. Sprich: „Ich übergebe dem Feuer, was ich jetzt loslasse. Möge es verwandelt werden. Möge Frieden einkehren." Bleibe noch einen Moment bei der Flamme. Spüre den Raum, den das Loslassen schafft. Atme Licht und Vertrauen ein.

NACHKLANG:

Wenn das Feuer erloschen ist, öffne das Fenster oder geh hinaus in die Natur. Nimm die Kraft dieses Rituals mit in deinen Tag. Du hast einen heiligen Akt vollzogen. Du hast dem Leben geantwortet. Und das Leben wird dir antworten.

Geistiges Reinigen - Klarheit und Licht für deinen Raum

Einstimmung

Du brauchst keine Werkzeuge, keine Klangschale, kein Räucherwerk. Dein Bewusstsein genügt. Die geistige Reinigung ist eine stille, machtvolle Praxis, getragen von deiner Präsenz, deinem Wort und deiner inneren Klarheit. Alles Wesentliche entsteht aus deiner bewussten Ausrichtung. Und doch: Wenn dich eine Feder ruft, ein Duft trägt oder ein Klang führt, folge dem Impuls. Alles darf sein. Nichts muss.

Eine Anleitung

Atme einige Male tief und bewusst ein. Spüre deinen Körper, dein Herz. Sei ganz wach im Moment. Sprich dann laut und mit aufrichtigem Herzen:

Ich rufe das Licht der höchsten Ordnung, die Klarheit der Quelle und die unerschütterliche Kraft der Wahrheit in diesen Raum. Möge jeder Winkel durchlichtet werden. Möge jede

Schwingung sich neu ausrichten im Einklang mit der Liebe. Möge nun alles weichen, was nicht mehr hierhergehört.

Erzengel Michael, ich rufe dich. Stelle vier Säulen deines kraftvollen Lichtes in jede Ecke dieses Raumes, dieses Hauses, dieses Grundstücks. Durchlichte alle Materie, jede Wand, jeden Gegenstand, jedes Feld. Kläre, was sich verborgen hält. Stärke, was in der Liebe schwingt.

Saint Germain, ich lade dich ein. Durchdringe diesen Ort mit der violetten Flamme. Alles, was in neue Ordnung geführt werden darf, möge jetzt transformiert werden. Zum höchsten Wohle aller, die hier leben und wirken.

Ich verankere Licht, Liebe und Klarheit an diesem Ort. Ich bin bereit, loszulassen. Ich bin bereit, zu empfangen. Ich danke allen Lichtwesen, die jetzt wirken.

NACHKLANG:

Bleibe noch einen Moment in der Stille. Atme, spüre, empfange. Wenn möglich, verlasse den Raum für eine Weile. Geh in die Natur, atme frische Luft, bewege dich, während die Kräfte in deinem Raum ihre Arbeit tun.

Ritual zum Weihen von Gegenständen

Gegenstände weihen – ein Akt der uralten Magie

Hier gibt es kein richtig und kein falsch. Nur eines ist entscheidend: Deine Präsenz. Denn segnen ist keine exklusive Aufgabe für Papst, Hohepriester oder spirituelle Influencer. Die Kraft des Segnens wohnt in dir. Schon immer. Nicht weil du sie dir verdient hast, sondern weil du bist, wer du bist. Eine Trägerin des Lichts. Eine Verkörperung der schöpferischen Kraft.

Also bete kein heruntergeleiertes Gebet, während du innerlich die Farbe deines Nagellacks analysierst oder überlegst, ob du den Wäscheberg heute noch bezwingst. Werde still. Sei ganz da. Werde zur Trägerin des Segens. Und nein, du brauchst keine spezielle Ausbildung, keine komplizierten Formeln, keine jahrhundertealten Rituale, was du brauchst, ist Bewusstsein. Präsenz. Und ein wenig Mut, dich deiner eigenen Macht zu erinnern.

Einstimmung

Nimm dir Zeit. Atme. Spüre deinen Körper, deine Zehen, deine Hände, dein Herz. Fühle das Leben in dir, ohne etwas zu wollen. Werde zur Präsenz dieses Augenblicks und spreche dann zum Beispiel folgende Worte bewusst aus: So wahr ich hier und jetzt bin, ich bin bereit. Meine Hände sind Werkzeuge des Lichts. Meine

Stimme ein Portal. Die Liebe führt. Ich bin mir meiner Kraft bewusst. So sei es.

Eine Anleitung

ZUR VORBEREITUNG:

Breite deine Gegenstände vor dir aus, egal ob Rosenquarz, Feder, Journal, Räucherbündel oder deine Alltagsgegenstände wie Handy und Computer. Alles kann gesegnet werden. Deine Hände, deine Stimme, dein bewusst gewähltes Wort, sie alle sind machtvolle Werkzeuge. Auch ein simples Glas Wasser kann zu gesegnetem Wasser werden. Wenn du eine Mutteressenz hast, füge ein paar Tropfen hinzu. Mehr zur Erstellung einer Mutteressenz findest du in meinem Blog. Rufe deine Verbündeten aus der Geistigen Welt an und vor allem die Kraft in dir. Zünde eine Kerze an. Atme. Und dann tritt ein in deinen inneren Tempel.

ZUR SEGNUNG:

Halte nun den Gegenstand deiner Wahl in deinen Händen oder halte deine Hände über ihn. Wenn das nicht möglich ist, visualisiere ihn oder auch die Person, die du segnen möchtest, in deinem inneren Raum. Schließe die Augen. Lausche. Spüre. Sei still. Jetzt geschieht Magie. Versuche nichts zu wollen. Kein Ziel, keine Erwartung. Nur Präsenz. Sei einfach vollkommen gegenwärtig, hier und jetzt. Und dann sprich, wenn du so weit bist, zum Beispiel:

Ich liebe dich. Ich danke dir. Mögest du dem höchsten Wohl aller und allem dienen. Du bist gesegnet in Liebe und mit Klarheit, Schutz und Wahrheit.

Du kannst auch singen, summen, Trommeln, atmen und bewegen, die Form ist frei. Was zählt, ist die Energie, mit der du es tust.

ZUM NACHKLANG:

Ich persönlich liebe es, den gesegneten Gegenstand anschließend für eine Weile an mein Herz zu halten. Einfach atmen. Fühlen. Lauschen. Lächle, Schwester, lächle...Du hast gerade Magie erschaffen. Ich segne mit Liebe, ich wirke mit Licht, ich hüte, was heilig ist, in mir und um mich.

Ein kleiner Hinweis aus dem Schattenreich

Geweihte und gesegnete Gegenstände sind eine sehr persönliche Angelegenheit. Sie sind nicht unbedingt zum Anfassen für jedermann gedacht. Wenn sie benutzt oder bewegt werden müssen, tut dies möglichst nur die Person, die sie geweiht hat und immer mit viel Achtsamkeit und Respekt vor der Kraft, die dieser Gegenstand hütet. Es ist ein Akt von Respekt und des Ehrens der Vergangenheit und der Gegenwart. Sei also mit voller Bewusstheit zugange, denn du machst damit das mächtigste und schönste Geschenk, an Personen, an Situationen, an Dinge.

Nachklang der Nächte

Vielleicht hast du etwas Altes verabschiedet. Vielleicht hast du etwas Neues empfangen. Vielleicht fühlst du dich gerade weich, offen, leer oder voller Klarheit und Tatkraft.

Wie auch immer diese Reise dich berührt hat, wisse: Sie wirkt in dir weiter. Denn die Magie der Rauhnächte endet nicht mit dem letzten Tag, sie lebt in deinem Atem, in deinen Entscheidungen, in deinem ganz normalen Alltag.

Möge dieses Buch dich auch jenseits dieser Nächte erinnern. Daran, wer du bist. Daran, was dich trägt. Und daran, dass du niemals allein gehst.

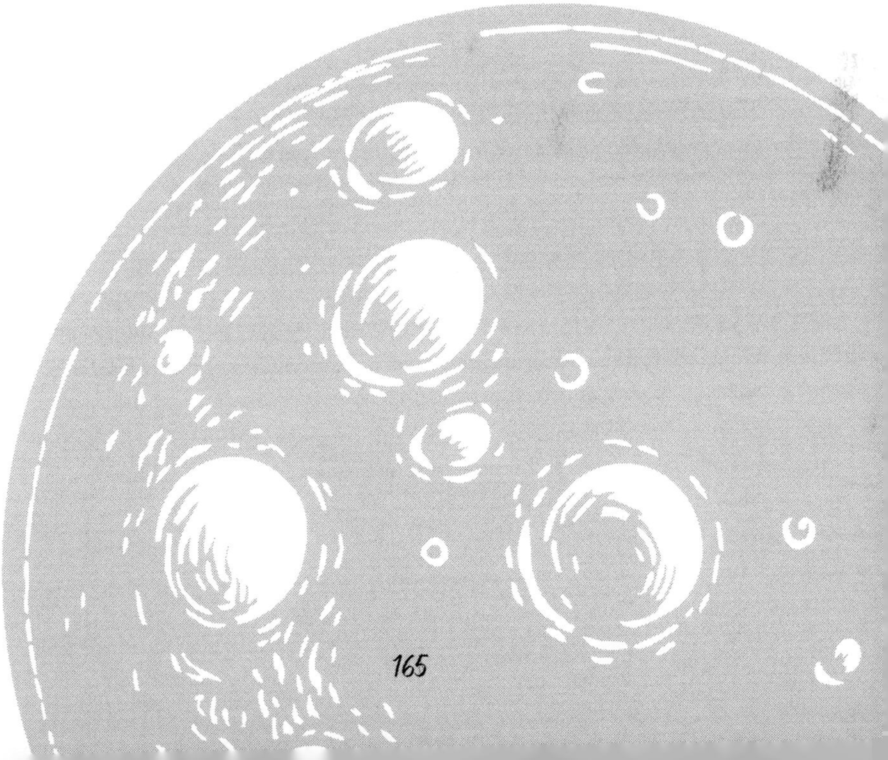

Nachwort

Ich möchte mich von Herzen bei dir bedanken.

Du hast dich auf eine besondere Reise eingelassen, durch die Nächte des Friedens, durch Zeiten der Einkehr, des Wandels, der Erinnerung. Vielleicht hast du Rituale zelebriert, geschrieben, gelauscht, geschwiegen, geweint, gelacht, erkannt, und ganz bestimmt bist du gewachsen.

Jeder bewusste Schritt, den du in diesen Nächten gegangen bist, wirkt weiter. Denn die Magie dieser Zeit endet nicht mit dem zwölften oder dreizehnten Tag. Sie entfaltet sich in deinem Alltag, leise und kraftvoll, wie ein Same, den du in der Tiefe deiner Seele empfangen hast. Was dir gezeigt wurde, darf nun Wurzeln schlagen, sich entfalten und in dir Form annehmen.

Saint Germain und Lilith begleiten dich weiterhin. Er, der Hüter des neuen Zeitalters, sie, die wilde weibliche Urkraft. Sie kennen deinen Weg. Sie ehren deinen Mut.

Wenn du tiefer eintauchen möchtest: Am Ende dieses Buches findest du einen QR-Code, der dich zu einer Auswahl gechannelter Meditationen führt. Diese Meditationsreihe umfasst mehr als sieben Alben mit je vierzehn Tracks, zwölf Meditationen für die Rauhnächte sowie je ein Channeling zur Wintersonnenwende und zur dreizehnten Nacht. Eine Art Vorschau auf das Kommende. Diese Channelings sind zeitlos, denn die geistige Welt spricht in großen Bildern, über Seelenzyklen, Wandlungsepochen und kollektive Bewegungen. Vielleicht hast du genau das in diesen Nächten gespürt: Energie ist nicht an Daten gebunden.

Lass dich ein auf eine Reise durch Räume und Zeiten, die sich nur dem inneren Hören erschließen. Lausche mit dem Herzen, nicht nur mit dem Verstand. Und nimm Saint Germains Worte nicht für bare Münze, sondern als Einladung, größer zu denken, weiter zu fühlen, tiefer zu verstehen. Jede dieser Meditationen kann einzeln erworben oder als Album gehört werden. Sie begleiten dich durchs ganze Jahr, besonders an den Neumonden, die mit den Rauhnächten in Resonanz stehen. So wirken kraftvolle Lichtwesen wie Lady Gaia, Mutter Maria, Maria Magdalena, Kwan Yin, Lady Portia sowie Erzengel Michael, Raphael und Gabriel an deiner Seite. Sie erinnern dich: Du bist nicht allein. Du bist geführt. Du bist getragen.

Vielleicht magst du jetzt, in diesem Moment, einfach still sitzen. Atme. Spüre deine Füße auf der Erde. Berühre deinen Herzraum. Spüre, wie du lebst. Jetzt. Denn genau das ist das Geschenk, gegenwärtig zu sein. Im Kleinen. Im Wesentlichen. In der Verbindung zu dir.

Ich danke dir für dein Vertrauen und für deinen Beitrag zu einem bewussteren, liebevolleren Feld auf dieser Erde.

Wenn du tiefer eintauchen möchtest: www.adrianameisser.com

Von mir an dich:

Ich danke dir, dass du mich durch diese heilige Zeit begleitet hast. Vielleicht begegnen wir uns wieder, in einer Meditation, an einem magischen Ort oder tatsächlich in Person und ganz von Mensch zu Mensch.

In tiefer Verbundenheit,

von Herz zu Herz,

von Seele zu Seele,

von Frau zu Frau

Ich danke dir!

Über die Autorin

Adriana Meisser wurde im schönen Graubünden geboren und arbeitet seit 2004 als Channel-Medium in enger Verbindung mit der geistigen Welt. Obwohl sie in der Schweiz zu Hause ist, lebt sie immer wieder auch im Ausland und schöpft aus dem Austausch mit anderen Kulturen, Landschaften und Menschen.

Ihre Seminare und Workshops, ob draußen am Feuer, auf einem Schiff, online oder in lebendigen Kursräumen, sind geprägt von Tiefe, Klarheit und der Einladung zur Selbstliebe. Ihr Motto lautet: „Glaube nicht alles, was du denkst, und liebe das Leben, denn das Leben liebt dich."

Die Rauhnächte begleiten Adriana seit vielen Jahren auf eine besondere Weise. Als sie im Jahr 2017 ihre erste gechannelte Meditation aufzeichnete, wollte sie damit eigentlich nur eines: Danke sagen. Ein stiller Herzensgruß an jene, die sie bis dahin begleitet hatten. Damals dachte sie: „Wenn es auch nur einem Menschen gefällt, vielleicht meiner lieben Freundin Martina, dann ist alles gut." Was dann geschah, hätte sie nicht erwartet. Die Meditationen berührten viele Tausend Menschen. Ein Jahr später, 2018, entstand ihr erstes kleines Büchlein. Zart, schlicht, getragen von derselben Absicht wie heute: Menschen durch die Rauhnächte zu begleiten, mit Worten, Klang und innerer Tiefe.

Im Lauf der Jahre ist daraus eine ganze Welt an Klang und Bewusstsein gewachsen. Die Rauhnächte führten Adriana mit dem Musiker und Komponisten Moritz Schneider (Theta Music) zusammen. Gemeinsam erschufen sie zahlreiche Alben. Liebevoll produziert, mit gechannelten Botschaften und eigens komponierter Musik. Nicht nur für die Rauhnächte, sondern auch zu Themen wie Heilung, Immunsystem, Schlaf oder innerer Einkehr.

Dieses Buch, das du gerade in den Händen hältst, ist eine überarbeitete und erweiterte Version des ursprünglichen Werks aus dem Jahr 2018. Es vereint gesammeltes Wissen, persönliche Erfahrungen, gechannelte Impulse und die Rückmeldungen vieler Tausender, die diesen Weg bereits gegangen sind. Ein Kreis schließt sich. Oder vielleicht beginnt gerade ein neuer.

Mit diesem Buch rundet sich für Adriana ein großes Herzensprojekt ab. Und vielleicht liegt genau darin die Kraft der Rauhnächte: Still und leise entfalten sie ihre Magie. Nicht, um zu beeindrucken, sondern um zu erinnern. Daran, dass du verbunden bist. Dass du getragen wirst. Und dass dein Weg zählt.

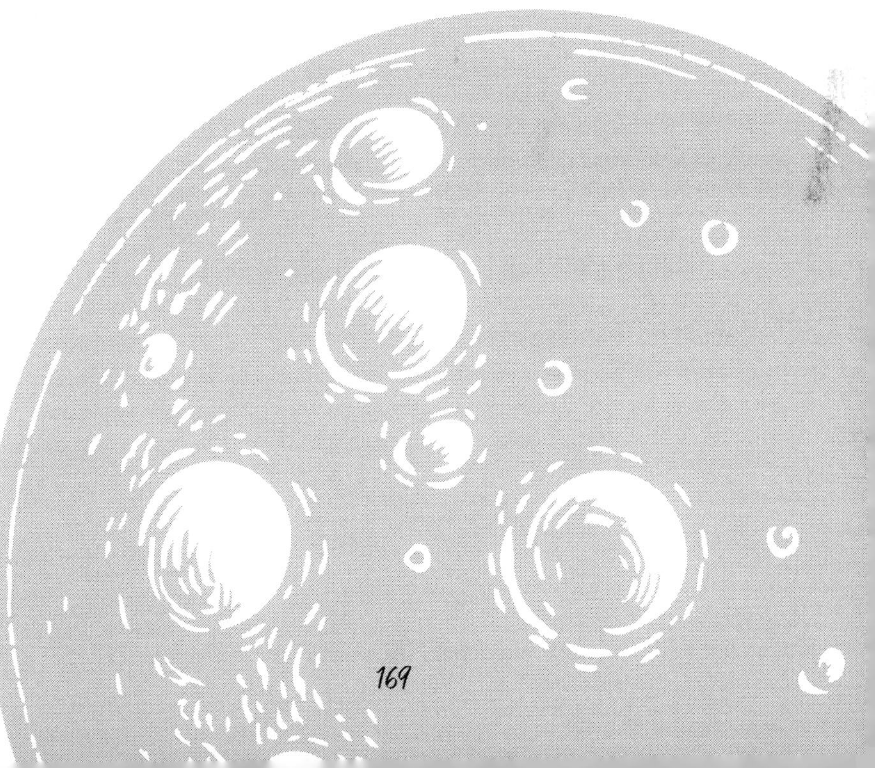

Impressum

Adriana Meisser wird vertreten durch:
Verlagshaus Stopfer – ein Imprint von:

Litura GmbH
Mühlenstraße 24A
13187 Berlin

Lektorat und Korrektorat: Verlagshaus Stopfer
Covergestaltung: Verlagshaus Stopfer
Layout: Verlagshaus Stopfer

ISBN Taschenbuch: 978-3-69092-066-7
ISBN Hardcover: 978-3-69092-067-4
ISBN eBook: 978-3-69092-068-1

www.verlagshaus-stopfer.de

SOLLTEST DU FRAGEN, KRITIK ODER ANREGUNGEN HABEN, FREUEN WIR UNS JEDERZEIT ÜBER DEINE NACHRICHT!

SCHREIBE HIERZU EINFACH EINE MAIL AN:

info@verlagshaus-stopfer.de

Haftungsausschluss

Dieses Buch enthält Meinungen und Ideen der Autorin und hat die Absicht, Menschen hilfreiches und informatives Wissen zu vermitteln. Die enthaltenen Hinweise und Methoden passen möglicherweise nicht zu jedem Leser, und es gibt keine Garantie dafür, dass sie auch wirklich bei jedem funktionieren.

Die Benutzung dieses Buches und die Umsetzung der darin enthaltenden Informationen erfolgt ausdrücklich auf eigenes Risiko. Haftungsansprüche gegen die Autorin oder den Verlag für Schäden materieller oder immaterieller Art, die durch die Nutzung oder Nichtnutzung der Informationen bzw. durch die Nutzung fehlerhafter und/oder unvollständiger Informationen verursacht wurden, sind ausdrücklich ausgeschlossen.

Das Werk, inklusive aller Inhalte, gewährt keine Garantie für Aktualität, Korrektheit, Vollständigkeit und Qualität der bereitgestellten Informationen. Druckfehler und Fehlinformationen können nicht vollständig ausgeschlossen werden.

Disclaimer

Wir bemühen uns um eine genderkonforme und inklusive Wortwahl. In manchen Fällen wird jedoch zugunsten der Lesbarkeit das generische Maskulinum verwendet. Demnach wird teilweise oder gänzlich auf die Verwendung genderspezifischer Sprache verzichtet. Alle Geschlechteridentitäten werden ausdrücklich mitgemeint, soweit die Aussagen dies erfordern.

FSC
www.fsc.org
MIX
Papier | Fördert
gute Waldnutzung
FSC® C083411

Zeitfracht Medien GmbH
Ferdinand-Jühlke-Straße 7
99095 Erfurt, Deutschland
produktsicherheit@kolibri360.de

Druck:
CPI Druckdienstleistungen GmbH
im Auftrag der
Zeitfracht Medien GmbH
Ein Unternehmen der Zeitfracht - Gruppe
Ferdinand-Jühlke-Str. 7
99095 Erfurt